世界でいちばん素敵な
古代史の教室

The World's Most Wonderful Classroom of Ancient history

はじめに

わたしたちの住む日本列島には、3万年以上前から人々が暮していました。

彼らは北から南から、海を越えこの地にやってきたのです。

はじめは狩猟・採集生活をしていた先祖たちは、やがて農耕をはじめムラを
つくるようになり、さらにクニができあがります。それに伴いわたしたちにもなじみ
のある、日本らしい景色や文化もかたちづくられるようになっていきました。

「日本史最大の謎・卑弥呼の邪馬台国」「記録が残されておらず謎の
世紀と呼ばれる4世紀」「聖徳太子や蘇我氏が活躍した飛鳥時代」「平
城京と平安京への遷都」……。この本では、そんな日本の古代の歴史を、
美しい写真と分かりやすい文章で解説します。

先祖たちがどこから来てどのように暮してきたのか。そして、いまのわたした
ちの生活にどのようにつながってきているのか。それを知るための旅に、さあ、
出発しましょう。

丸墓山古墳（埼玉県行田市／写真：ハッシブ2世／PIXTA）

Contents
目次

P2	はじめに
P6	日本人はどこから来たの？
P10	旧石器と新石器、一体なにが違うの？
P14	縄文土器ってなにがすごいの？
P18	貝塚はなぜ海岸から離れたところにあるの？
P22	縄文時代にも稲が栽培されていたって本当？
P26	弥生時代の人々はどんなところで暮らしていたの？
P30	結局、邪馬台国はどこにあったの？
P34	ここまでの古代史を振り返る！❶
P36	日本で初めて築かれた都市は？
P40	最初の天皇ってどんな人？
P44	ヤマト政権のほかにどんな勢力が力を持っていたの？
P48	全国で巨大な古墳が築かれたのはなんのため？
P52	巨大な前方後円墳の築造地が時代によって変わるのはなぜ？
P56	日本最古の道ってどこにあるの？
P60	『古事記』の中で出雲が大きな舞台となるのはどうして？
P64	ここまでの古代史を振り返る！❷
P66	皇太子がいなくなることはなかったの？
P70	蘇我氏はどうやって権力を握ったの？
P74	仏教はいつ日本に伝わったの？
P78	聖徳太子が天皇にならなかったのはなぜ？
P82	蘇我氏は悪者だったの？

白鳥山から見た韓国岳と白紫池。(鹿児島県霧島市／写真：narutake/stock.adobe.com)

P86	アマテラス大神を祀る神社が伊勢にあるのはなぜ？
P90	瀬戸内海沿岸に飛鳥時代の城が点在するのはなぜ？
P94	壬申の乱って、どんな戦い？
P98	律令国家ってどんな国家なの？
P102	最古の和歌ってどんな歌？
P106	「令和」の起源となった言葉について教えて！
P110	ここまでの古代史を振り返る！❸
P112	藤原京が16年で捨てられてしまったのはなぜ？
P116	『日本書紀』と『古事記』が同時代に編纂されたのはなぜ？
P120	長屋王が自害に追い込まれたのはなぜ？
P124	聖武天皇が大仏を作ったのはなぜ？
P128	奈良時代の仏教は人々にどんな教えを説いていたの？
P132	奈良時代の貴族はどんな娯楽を楽しんだの？
P136	道鏡って、悪者だったの？
P140	平安京への遷都が行なわれたのはなぜ？
P144	武士がまだいない時代、都の警備は誰が担当していたの？
P148	遣唐使船に乗って中国へ渡った留学生は、なにを学びに行ったの？
P152	ここまでの古代史を振り返る！❹
P154	終わりに
P156	写真クレジット
P158	監修者略歴・参考文献

Q
日本人はどこから来たの？

A
アジアのいろいろな地域から
来たようです。

日本のシンボル富士山と河口湖。幾度となく大噴火を起こしてきた富士山ですが、日本人の祖先はこうした火山が生み出す恵みに支えられながら生活を営んできました。(山梨県／写真：Jon Arnold Images／アフロ)

旧石器時代―先史時代と日本誕生

大陸から東へ東へ――、
日本へのグレート・ジャーニー。

アフリカに現われたホモ・サピエンスが、獲物を追い求めて、
はるばるアジアの東の果ての島々までやってきました。
その道のりは、まさに「グレート・ジャーニー」でした。

Q1 最初の日本人が、日本にやってきたのはなぜ？

A ゾウやシカなどを追いかけてたどり着きました。

人類が誕生したのは、いまから約700万年前です。200万年前から1万年前まで地球は氷河期でしたが、その間、寒冷な氷期と比較的温暖な間氷期が交互におとずれており、氷期には海面が大きく下降していました。この時代に少なくとも2回、日本列島はアジア大陸の北東部と陸続きになっています。このとき、ナウマンゾウやシカなどさまざまな動物が大陸から日本列島にやってきたと考えられています。それらの動物を追って、日本人の祖先も日本列島に渡来したのでしょう。

Q2 ナウマンゾウのような大きな動物はどうやって仕留めたの？

A 落とし穴を使いました。

古代の日本人の主食のひとつとなっていたのがナウマンゾウです。肩高3mという大きなゾウを集団で落とし穴に追い込み、石器を棒の先端につけた石槍などで狩ったと言われています。静岡県東部などでナウマンゾウの狩りに使われたと思われる、直径1.5m、深さ1.5mの複数の穴が見つかっています。

旧石器時代の狩猟の様子を
再現したジオラマ。
（豊橋市自然史博物館所蔵）

Q3 先史時代の日本にはどんな動物がいたの？

A ナウマンゾウのほか、オオツノジカやヘラジカなどがいました。

オオツノジカは現在では絶滅した動物で、肩高1.8m、体長2.6mにもなる大型のシカです。30万年前から1万2000年前ごろまで、北海道から九州までの幅広い地域で生息していました。ヘラジカも、肩高2m、体長3mという大型のシカです。こちらは、いまは日本にはいませんが、カナダやロシア、北欧などの寒冷地には現在も生息しています。1万年ほど前になると気候が温暖になり、現代に近い自然環境になります。それに伴い大型動物は絶滅し、ニホンシカやイノシシなど、小型の哺乳類が多くなりました。

かつての日本に生息したヘラジカ。

Q4 いちばん古い日本人の化石が見つかったのはどこ？

A 沖縄県那覇市で見つかっています。

現在までに日本列島で発見されたもっとも古い化石人骨は、沖縄県那覇市の山下町第一洞穴遺跡から発見された、約3万2000年前の山下町洞人です。そのほかに沖縄県で発見された約1万8000年前の港川原人や静岡県で発見された約1万4000年前の浜北人などが最初に日本に住んでいた人たちです。

巨大な角を持つオオツノジカの化石。
（東海大学自然史博物館所蔵）

★COLUMN★ 日本人と日本語の成立

人類は、猿人・原人・旧人（ホモ・ネアンデルタレンシス）・新人（ホモ・サピエンス）の順に現われました。しかし、日本で発見されている化石人骨は、すべてホモ・サピエンスのものです。日本人の原型は、古くからアジア大陸南部に住んでいた人たちの子孫が縄文人となり、その後の弥生時代以降、北アジアに住んでいた人たちが渡来し、縄文人と混血を繰り返したことで現在の日本人が形成されていったと考えられています。ちなみに、日本語の語法はアジア大陸北方のアルタイ語族系に属します。同系の言語は、朝鮮語やモンゴル語などです。ですが、語彙には東南アジアやポリネシアなど南方系の要素も多く、その成立についてはまだはっきりしたことが分かっていません。

Q 旧石器と新石器、一体なにが違うの？

神庭洞窟遺跡は、縄文時代に人が住んだ形跡があるとされる洞窟で、人骨や動物の骨のほか、日本最古の土器のひとつ隆起線文土器が発見されています。(埼玉県秩父市／写真：tenjou/PIXTA)

A 砕いただけの石器が旧石器、磨かれた石器が新石器です。

石器の材料としては、石英岩、安山岩、花崗岩などが使われていました。

石材を使いこなして死を悼む、
文化的感性はすでにありました。

旧石器時代の人々は、生活のさまざまな場面で石器を駆使し、
仲間が亡くなるとその死を悼んで埋葬するという
文化的な感性ももちあわせていました。

石器にはどんな種類があるの？

A ナイフ型石器、尖頭器、細石器などがあります。

ナイフ形石器とは、石を割った際にできた鋭利な部分を一部残し、ほかの部分を持ちやすいように潰した石器です。尖頭器とは、先を鋭くとがらせた打製石器で打製石斧はその一種です。旧石器時代の終わりには、細石器と呼ばれる小型の石器も出現しました。北海道の遺跡などから発見されており、この細石器は、中国東北部からシベリアにかけて発達したもので、北方から日本に渡ってきたと考えられています。

石器はどんなことに使われたの？

A 狩りや調理など生活のあらゆる場面で使われていました。

石器は、狩りの道具として重要なものでした。石器を棒の先端につけた石槍を使って、ナウマンゾウやオオツノジカ、ヘラジカなどの大型動物を捕らえていました。さらに、狩った獲物の解体や調理などでも、石器が使われていたと考えられています。木の実をすりつぶす石皿やすり石なども数多く出土しており、石器は、生活のあらゆる場面でこの時代の人々にとって欠かせない道具でした。また、石器のほかにも、シカの角や骨を利用して作った銛や釣り針などが発見されています。

石器の主な使用例

ナイフ型石器	打製石斧	石皿とすり石

（三内丸山遺跡センター所蔵）

Q3 お葬式はいつから始まったの？

A すでにネアンデルタール人が始めていました。

わたしたち現生人類はホモ・サピエンスという人類種ですが、それより少し前に出現し、同時期に生きていたネアンデルタール人（ホモ・ネアンデルタレンシス）という、別の人類もいました。このネアンデルタール人は、死者を悼む習慣があったと考えられています。日本でも旧石器時代にはすでに遺体を埋葬する習慣があったとされています。縄文時代に入ると、体を強く折り曲げて葬る屈葬が一般的になり、身分差が生じた弥生時代には土壙墓（どこうぼ）、木棺墓、箱式石棺墓など、埋葬の仕方も多様になっていきました。さらに歴史が進むと、権力者の墓である巨大な古墳もつくられるようになっていきます。

吉野ヶ里遺跡に復元された甕棺墓（かめかんぼ）。甕棺は弥生時代の埋葬に欠かせないものとなりました。（佐賀県吉野ヶ里町）

Q4 旧石器時代の人はどんなところに暮らしていたの？

A つねに移動して暮らしていました。

旧石器時代の人々は、獲物や食べられる植物を求めて、絶えず河川流域など一定の範囲内を移動しながら生活していました。そのため、住居は持ち運びやすい簡単なテント式の小屋で、一時的に洞穴を利用することもありました。人々の集団は、10人前後の小規模なグループだったと考えられています。

旧石器時代人の生活跡が発見された泉福寺洞窟。（長崎県佐世保市）

顔面把手付深鉢（山梨県北杜市考古資料館所蔵）

縄文土器って なにが すごいの？

縄文時代中期前半（約4500年前）に制作された土器。口縁部に1つ、胴部に2つの人面の装飾が施され、口縁部の顔を母親、胴部の顔を子として、出産を表現するものと考えられています。

火焔土器（十日町市博物館所蔵）

A
なんといっても
世界最古の土器
という点です。

燃え上がる炎を象ったかのようなデザインの土器で、縄文時代中期に制作されました。装飾的で実用性に欠けることから、儀式に用いられたとする説が有力です。

縄文時代―縄文式土器

縄文土器と土偶が伝える、古代の人々の遊び心と芸術性。

煮炊きなど実用目的でつくられはじめた縄文土器は、
少しずつ装飾性を増していき、現代の私たちを
驚かせるような芸術品もつくられるようになっていきました。

① 土器はなにに使われたの？

A 土鍋として使われはじめました。

煮炊き用の土鍋としてつくられ、木の実や根菜類の灰汁抜きに用いられるようになり、貯蔵用としても活用されました。縄文土器は、おもに集落の女性の手によってつくられたと考えられています。

② 火焔（かえん）土器があんなに派手なのはどうして？

A 祭祀に使われたからかもしれません。

縄文土器は、その様式から草創期、早期、前期、中期、後期、晩期の6期に区分されています。初期は実用性を重視したシンプルなものが多いのですが、時代を経るにつれ、装飾性も高まっていきます。火焔土器は、その極地とも言えます。独特のデザインは実用を目的としたものではなく、なんらかの祭祀に用いられたという説もあります。

縄文土器の変遷

草創期	中期	晩期
実用性重視！	派手にデコる！	器型の土器が増える！
（東京国立博物館所蔵）	（東京国立博物館所蔵）	（ギメ美術館所蔵）

Q3 土偶は、なんのためにつくられたの?

A 病気や怪我の治癒と、豊穣を祈るためです。

多くの土偶が一部を破損した状態で出土していることから、患部を破壊して地中に埋めて病気の全快を願ったとか、多くが女性なので、生殖のためと言われています。一方で、山形県で発見された「縄文のヴィーナス」などは、完全な形で出土しており、一概にはそうとも言えなくなっています。土偶の形態は、時代や地域によってかなりバリエーションがあり、たとえば独特のデザインで有名な遮光器土偶は、おもに東北地方で発見されたものです。

西ノ前遺跡出土の土偶「縄文のヴィーナス」。(山形県立博物館所蔵)

Q4 縄文杉がある屋久島に、1万年前の遺跡がないのはなぜ?

A 鬼界カルデラの噴火により一度全滅したと言われています。

いまから約7,300年前、現在の鹿児島県の南沖合・薩摩硫黄島付近の海底にある鬼界カルデラが大噴火しました。噴火によって発生した火砕流は、九州南部を焼き尽くし、有毒な火山ガスを含む火山灰が九州南部で30cm、北部でも20cmも降り積もりました。これにより南九州は壊滅し、以後約1,000年間にわたり、人の住めない不毛の荒野となってしまったのです。

屋久島の縄文杉。屋久島の縄文文化は、鬼界カルデラの噴火によって壊滅したと考えられています。(鹿児島県屋久島町)

Q
貝塚はなぜ
海岸から離れた
ところにあるの？

尖石・与助尾根遺跡。縄文時代中期（約5000年前〜約4000年前）に栄えた集落遺跡です。（長野県茅野市／写真：askaflight/stock.adobe.com）

A
当時は海の近くだったからです。

縄文時代―貝塚と縄文のムラ

犬が好きなのは、
縄文人も現代人も同じです。

当時は、狩りをしたり木の実を採るだけの生活と思われがちですが、
舟を使って遠方と交易をしたり、自然崇拝の宗教をもつなど、
縄文人は、文化的な生活を営んでいました。

Q1 縄文時代の人は、獣を追いかけて暮らしていたの？

A 舟などを使った交易もしていました。

縄文時代の人々は、狩猟採集の生活を基本としていましたが、それだけではなく舟を利用して遠隔地との交易なども積極的に行っていました。石器の原材料となる黒曜石は、北海道・白滝や長野県・和田峠などが原産地でしたが、これらの場所で産出した石を使った石器が、日本各地から出土しています。また、新潟県の糸魚川流域で産出する翡翠（ひすい）なども、交易品として遠隔地まで運ばれました。

Q2 縄文人は、何人ぐらいの集団で暮らしていたの？

A 三内丸山遺跡のような大規模な集落もありました。

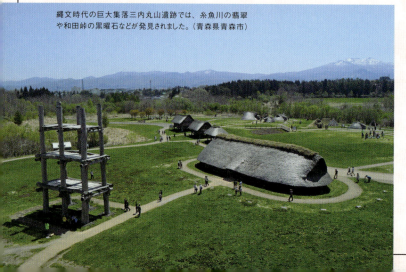

縄文時代の巨大集落三内丸山遺跡では、糸魚川の翡翠や和田峠の黒曜石などが発見されました。（青森県青森市）

縄文時代の集落の基本構成は、竪穴住居が4〜6軒程度の世帯からなる20〜30人ほどの集団だったと考えられています。ただ、1992年から本格的な調査が始まった青森県の三内丸山遺跡などでは、集合住居と考えられる大型の竪穴住居も発見されており、数百人単位の大規模な集落も存在したことが現在では明らかになっています。

③ 縄文人はどんな神様を拝んでいたの？

A さまざまな自然現象や生殖の力を
神秘的なものとみていました。

縄文人は、動物や植物などの自然物のほか、太陽、雨、風などといった自然現象に神秘的な存在が秘められていると考え、崇めていたとされます。このような自然を崇める風習を「アニミズム」と言います。自然は恵みをもたらすだけではなく、ときには災厄をももたらします。そのため、呪術によって災いを避けようとする信仰もありました。また、生殖の力を神秘的なものとする考え方もあり、男性の生殖器を表現したと思われる石棒なども見つかっています。

大湯環状列石。造成した高台の上に数千に及ぶ大石を一定の設計に基づいて配置した共同祭祀の場と考えられています。（秋田県鹿角市）

★COLUMN★ 犬と日本人

縄文時代の遺跡からは、人間と同じようにていねいに埋葬された犬の骨も見つかっています。このことから、当時の人たちが犬とともに暮らしていたことがうかがわれます。犬は狩りのパートナーであり、集落を外敵や他の動物から守る存在だったのでしょう。しかし、一方で食用にされることもあり、貝塚などから乱雑に捨てられた犬の骨が大量に見つかることもあります。

日本の固有種である柴犬。

Q 縄文時代にも稲が栽培されていたって本当?

星峠の棚田朝景。大小約200枚の棚田が広がり、「にほんの里100選」にも選ばれた絶景です。
(新潟県十日町市／写真：アフロ)

A
本当です。

縄文時代のプラント・オパール(イネ科植物などに含まれるケイ酸が細胞に集積したもの)が発見され、イネの栽培が行なわれていたことは確実視されています。ただし、水田の跡が発見されていないため、弥生時代とは異なり畑で栽培されていたと考えられています。

弥生時代─稲作とクニの始まり

稲作の普及で社会が複雑化し、多くの「クニ」が登場しました。

水田稲作が普及すると集団の規模も大きくなり、
人々の生活も大きく変化していきました。
その結果、「クニ」と呼ばれる集団が生まれました。

① 弥生時代の土器は、縄文時代とどう変わったの？

A 縄文様が消え、色が変わりました。

縄文土器の特徴はその独特な縄文様でしたが、弥生時代に入ると土器からその文様が消えました。また縄文土器の多くは、低温で焼かれたため黒褐色をしていますが、弥生土器は高温で焼かれたので赤味を帯びたものが増えています。

弥生土器の変遷

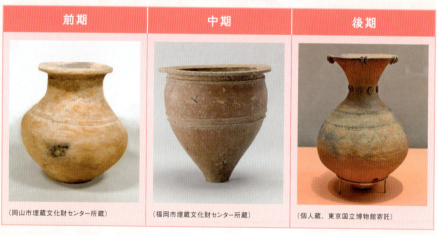

前期	中期	後期
(岡山市埋蔵文化財センター所蔵)	(福岡市埋蔵文化財センター所蔵)	(個人蔵、東京国立博物館寄託)

② なぜ弥生土器と呼ばれるの？

A 最初に発見された地名にちなんでいます。

弥生土器という名称は、1884（明治17）年に、この様式の土器が東京の本郷弥生町（現在の文京区弥生2丁目）の向ヶ岡貝塚で発見されたことにちなんだものです。

Q3 弥生時代の「クニ」は、「国」とは違うの？

A 集落の集合体が「クニ」です。

弥生時代に入り農耕社会となると、金属製の武器が使われるようになったこともあり、蓄積された食料をめぐって集落同士の戦いがさかんに起きるようになり、集落には戦いのためのやぐらなども建てられました。その中で、強力な集落は周辺の集落を統合していき、日本の各地に「クニ」と呼ばれるまとまりが乱立するようになります。当時の日本にはそうした「クニ」がいくつも存在したのです。

吉野ヶ里遺跡に復元されたやぐら。（佐賀県神埼市・吉野ヶ里町）

Q4 弥生時代の日本にあった「クニ」を教えて！

A 末廬国（まつろこく）、奴国（なこく）、伊都国（いとこく）などがありました。

「漢書」地理誌や「魏志」倭人伝には、末廬国、奴国、伊都国などのクニの名前が記されています。奴国と伊都国が中国の後漢に使者を派遣し、奴国には、57年、有名な「漢委奴国王（かんのわのなのこくおう）」の金印が贈られました。239年、「三国志」の時代の中国に使者を派遣したのが、邪馬台国の女王・卑弥呼でした。

一支国（いきこく）の王都に比定されている壱岐の原の辻遺跡。（長崎県壱岐市）

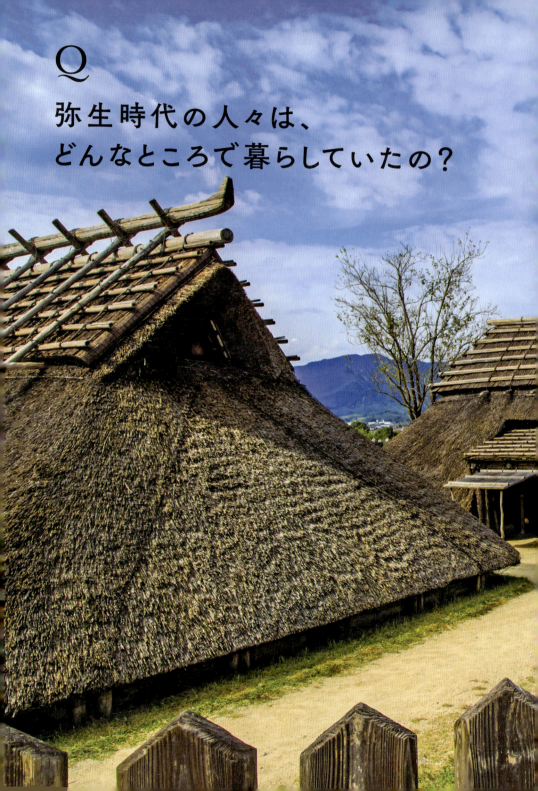

Q
弥生時代の人々は、
どんなところで暮らしていたの？

A
濠(ほり)で囲まれた集落に竪穴式の住居を建てて暮らしていました。

竪穴式住居は、円形や方形に掘り窪めた地面に複数の柱を建て、梁や垂木をつなぎあわせた骨組みの上から土や葦などの植物で屋根を葺いた建物です。縄文時代から一般化し、平安時代頃まで庶民の住居として利用されました。

吉野ヶ里遺跡に復元された竪穴式住居。（佐賀県／写真：kattyan/PIXTA）

弥生時代―弥生時代の暮らし

実用からシンボルへ――、
移り変わる青銅器の役割。

日本に鉄器が伝わってきたあと、
青銅器は実用の道具としての役割を鉄器に譲りますが、
祭祀の道具などとして使われ続けました。

① 環濠集落ってなに？

A 深い濠や土塁をめぐらした集落です。

弥生時代の人々の住居は、縄文時代と変わらず竪穴式住居が一般的でした。しかし大規模な集落も日本各地に現れるようになり、それらの中には周りに深い濠や土塁をめぐらしたものも少なくありません。これを環濠集落といいます。たとえば、弥生時代前期のものである福岡市の板付遺跡は、南北370m、東西170mの外濠と、南北110m、東西80mの内濠からなる二重の環濠をめぐらした集落です。これらの濠や土塁は、外敵からの攻撃を防ぐためのものと考えられています。

吉野ヶ里遺跡の集落を巡る環濠。（佐賀県神埼市・吉野ヶ里町）

② 弥生時代になって、お墓はどのように変化したの？

A 権力者のための大きな墓がつくられるようになりました。

弥生時代後期になると、盛土を盛ったかなり大規模な墳丘をもつ墓が出現するようになります。岡山県の楯築墳丘墓や山陰地方の四隅突出型墳丘墓はその代表的なものです。それらの中には、三十面以上の中国製の鏡や青銅製の武器などを副葬したものが見られます。これらの大型の墳丘墓や希少な副葬品は、集団のなかで身分の差が生じ、各地に強力な支配者が現れたことを物語っています。

出雲に起源をもつ墳丘墓「四隅突出型墳丘墓」。（島根県出雲市）

銅鐸を使った弥生時代の祭祀を再現したジオラマ。(橿原考古学研究所所蔵)

Q3 大きい銅鐸はどんな用途に使ったの?

A 祭りなどの儀式で使われたと考えられています。

弥生時代の遺跡から発掘されるもので独特なのが、巨大な銅鐸です。銅鐸は朝鮮式小銅鐸と呼ばれる朝鮮半島の鈴に起源をもっていますが、日本に伝えられてからは祭器として大型化し、実用性は失われました。

徳島市にある矢野遺跡出土の銅鐸。

Q4 弥生時代のお祭りでは、銅鐸のほかに、なにが使われたの?

A 青銅製の武器などが使われました。

弥生時代の集落では、豊作を祈願したり収穫を感謝したりする祭りが行なわれていました。これらの祭りでは、銅鐸、銅剣、銅矛、銅戈(どうか)などの青銅製の道具が祭器として用いられていたと考えられています。また、権力者の副葬品とされたことからも分かるように、銅鏡も貴重品とされていました。これらのことから、のちに剣・鏡・玉の3つを神聖なものとみなす天皇家の三種の神器のような観念が生まれていったと考えられています。

29

Q
結局、邪馬台国は
どこにあったの？

A
奈良……と言いたいところですが、
まだまだ分かりません。

唐古・鍵遺跡は、奈良盆地の中央部に位置した環濠集
落で、弥生時代前期から後期まで約700年もの長い間
存続しました。出土した土器には中国風の装飾を持つ楼
閣が描かれており、大陸との交流の可能性が指摘されて
います。（奈良県田原本町／写真：広瀬雅信／アフロ））

弥生時代―邪馬台国

九州なのか、近畿なのか、歴史が変わる未解決問題。

『古事記』や『日本書紀』にはいっさい記述がなく、
中国の歴史書にのみ記されている邪馬台国。
神の声を聞く力を持つ女王・卑弥呼が統治して諸国の盟主となり、
中国の魏の皇帝から銅鏡100枚を下賜(かし)されたと言われます。
古代日本の様相を左右する邪馬台国論争とはどのようなものなのでしょうか？

① 邪馬台国の場所にどんな意味があるの？

A 九州か畿内かで、大きく歴史が変わってきます。

「魏志」倭人伝の旅程の記述があいまいなため、邪馬台国の所在地については長年、論争が続いています。おもな比定地(候補地)としては、九州説と近畿説があります。九州にあったとすれば、邪馬台国連合は九州北部を中心とした比較的小範囲のもので、のちのヤマト政権とは直接関係ないということになります。一方の近畿説を採れば、3世紀前半には近畿地方から九州北部に及ぶ広域の政治連合が成立していたことになり、のちのヤマト政権とつながる可能性が高くなります。2009(平成21)年に、奈良県の纒向遺跡から大型建築物跡が発見されたことで、邪馬台国近畿説の証拠とも注目されましたが、まだ論争に決着はみられません。

九州にあったとすると……邪馬台国は九州北部にあったクニの盟主！

畿内にあったとすると……近畿から九州北部に及ぶ広域の政治連合が3世紀前半にすでに成立していたことに……！

② 卑弥呼がもらった銅鏡ってどこにあるの？

A 日本各地から見つかっています。

卑弥呼は、魏の皇帝から銅鏡100枚を賜ったと「魏志」倭人伝には記されています。一般にその鏡は縁の断面が三角形で神仙像と霊獣が配された「三角縁神獣鏡」とされてきました。しかし、この鏡はすでに各地の古墳から発掘され、奈良県の黒塚古墳からは一度に33面が出土しています。しかも、この古墳で被葬者の頭部の位置に置かれ重視されていたのは、画文帯神獣鏡という別の鏡。そのため三角縁神獣鏡が本当に卑弥呼の鏡だったのか、疑問が呈されています。

"卑弥呼の鏡"とされる「三角縁神獣鏡」。魏の年号である「正始元年」の銘が入っています。(蟹沢古墳出土／東京国立博物館蔵)

佐賀県の吉野ヶ里歴史公園の北内郭主祭殿に再現された、当時の卜占（ぼくせん）の様子。

Q3 卑弥呼はどんな家で暮らしていたの？

A 巨大な宮殿に暮らし、人と会おうとしませんでした。

卑弥呼は、客室のほか楼観や城柵からなる巨大な宮殿に暮らしていたとされます。宮殿は厳重な警備に守られ、卑弥呼の周囲には1,000人以上の女官が侍り、弟とされる男性がただひとり出入りを許されていたとされます。卑弥呼は「鬼道」、おそらく神託によって邪馬台国を統治したとされ、物事の吉凶を占い政治の方針を決める神権政治を行なっていたと考えられます。

Q4 邪馬台国の人たちは、どんなものを食べていたの？

A 魚介類やコメを食べていたようです。

邪馬台国の人々は水にもぐって、魚やハマグリを獲っていました。また、稲も栽培していました。食物は高坏に入れて、手づかみで食べていたとされます。ちなみに牛、馬、虎、豹、羊、鵲（かささぎ）など、中国ではポピュラーだった生き物が邪馬台国にはいないと「魏志」倭人伝には記されています。

ここまでの古代史を振り返る！①

主なできごと

西暦	できごと
約3万年前	日本列島に人類が到達する。
約2万2000年前	姶良カルデラが大爆発を起こす。
約1万2000年前	縄文文化が成立する。
紀元前5900年前	三内丸山に縄文集落が形成される。
紀元前5～4世紀頃	水稲耕作が伝来。弥生時代に入る。
1世紀	吉野ヶ里遺跡が環濠集落となる。
57年	奴国の王が後漢光武帝に朝貢し、印綬を与えられる。
238年	邪馬台国の女王卑弥呼が魏に遣使する。

長崎県壱岐市
原の辻遺跡

弥生時代前期から古墳時代初期にかけて栄えた大規模環濠集落遺跡で、一支国の跡と考えられています。

佐賀県神埼市・神埼郡吉野ヶ里町
吉野ヶ里遺跡

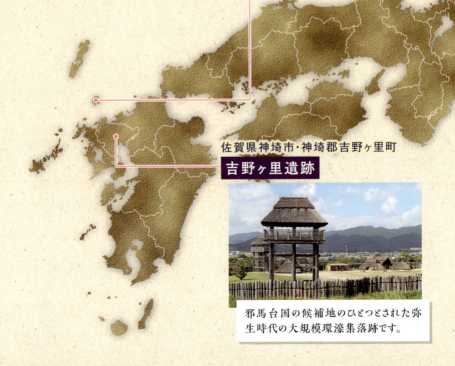

邪馬台国の候補地のひとつとされた弥生時代の大規模環濠集落跡です。

青森県青森市
三内丸山遺跡

これまでの縄文時代観を覆した大規模集落遺跡です。

秋田県鹿角市
大湯環状列石

縄文時代後期の大型の配石遺跡です。縄文時代の宗教観が分かります。

群馬県みどり市
岩宿遺跡

日本で初めて旧石器が発見され、旧石器時代研究の先駆けとなった遺跡です。

奈良県磯城郡田原本町
唐古・鍵遺跡

訪ねておきたい古代遺跡

弥生時代末期まで大和盆地に栄えた大規模集落跡です。中国風の装飾が施された土器片が出土しました。

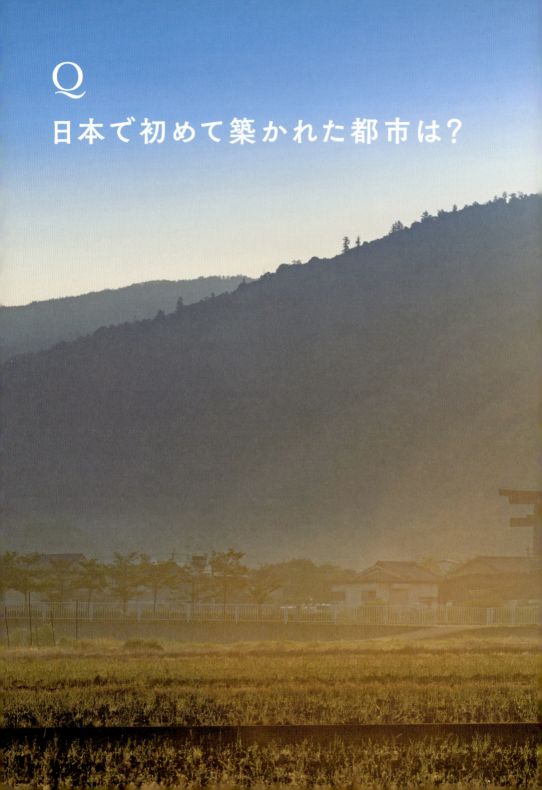

Q
日本で初めて築かれた都市は？

美しい円錐形の三輪山。ヤマト政権発祥の地とされる纒向遺跡がそのふもとに広がります。（奈良県桜井市／写真：KENJI GOSHIMA/アフロ）

A
纒向遺跡と考えられています。
まき　むく

纒向遺跡には運河が通り、日本で初めてしっかりした都市計画を元に築かれたことが分かっています。

古墳時代―纒向遺跡

卑弥呼の墓かもしれない、そんな古墳が奈良にあります。

3世紀の終わりごろ、大和盆地南東部に位置する三輪山の山麓に、
日本最古の都市・纒向が登場します。
時代はこの都市の成立を境に古墳時代へと突入し、
ヤマト政権の歴史がいよいよ幕を開けることになります。

Q 纒向遺跡はなにがすごいの？

A 都市計画に基づいて建物群が配置されているところです。

纒向遺跡は東西約2km、南北約1.5km、面積にして約3平方kmにもなる遺跡で、日本でもっとも古い都市の遺跡と考えられています。2009年には、この遺跡から南北19.2m、東西12.4mもの大型建造物も発掘されました。この建物は、以前に発見されていた3棟と一直線上に並んでおり、周囲には運河などもつくられていたことから、本格的な都市機能をもっていたと考えられています。

後方にそびえる円錐形の山が三輪山。纒向遺跡はそのふもとに広がります。中央に見えるのが纒向石塚古墳、右端の巨大な前方後円墳が箸墓古墳です。
（写真：桜井市埋蔵文化センター）

Q2 纏向の遺跡が注目されるのはなぜ？

A 初期ヤマト政権の本拠地だと考えられているからです。

纏向の成立時、実は大和盆地にあった周辺の集落が同時に衰退していくという現象が起こっています。また、纏向遺跡からは全国各地から搬入された土器が出土しており、物流の中心であったことがうかがえます。さらに最も古い前方後円墳とされる箸墓古墳（はしはかこふん）がこの遺跡の近くに築かれました。古墳はヤマト政権のシンボルとも言える首長の墓ですから、纏向遺跡は初期ヤマト政権の本拠地であったと考えられています。

Q4 箸墓古墳はだれの墓なの？

A ヤマトトトヒモモソヒメと、『日本書紀』には書かれています。

箸墓古墳は、日本最古の歴史書『日本書紀』の記述に基づき、宮内庁から「大市墓」としてヤマトトトヒモモソヒメの墓とされています。この女性は、第7代孝霊天皇皇女で、三輪山の大物主神の妻となりますが、夫の正体がヘビと知って驚き、夫を怒らせてしまいます。大物主神は三輪山へと飛び去り、ヒメが後悔して座り込んだところ、箸が陰部に突き刺さり亡くなってしまいました。そこで神と人々が巨大な墓をつくり、ヒメを葬ったとされています。邪馬台国とヤマト政権を結びつける学説では、このヤマトトトヒモモソヒメを卑弥呼と位置づけることもあります。

箸墓古墳の全景。左が後円部、右が前方部。

Q3 箸墓古墳と、卑弥呼の関係をもっと教えて！

A 「魏志」倭人伝の記述では、卑弥呼の墓と大きさがほぼ同じです。

纏向遺跡の周囲では、20数基もの前方後円墳が発見されています。その中でも最大のものは、全長約280m、後円部の長さ約150mの箸墓古墳です。「魏志」倭人伝によれば、卑弥呼の死後、巨大な墓がつくられ、その大きさは径百余歩とあります。百余歩は155m前後で、これは箸墓古墳の後円部の長さとほぼ同じです。そのため、卑弥呼の墓ではないかと考えられ、邪馬台国畿内説のひとつの有力な物証となっています。

Q
最初の天皇って
どんな人？

楯ヶ崎は、三重県熊野市と尾鷲市の境の海岸にある高さ約80m、周囲約550mの岩塊で、東征にやって来た神武天皇の上陸地と伝わっています。
（三重県熊野市／写真：PAE/stock.adobe.com）

A
九州からやってきて
大和を征服した
神武天皇とされますが、
あくまで伝説上の話です。

古墳時代—ヤマト政権の誕生

ヤマト政権の日本列島統一は、あのヒーロー伝説から見えてくる。

大和盆地にクニの連合体として産声を上げたヤマト政権は、
やがて大王を中心とした一大勢力へと成長していきます。
その過程で、どのような人々が活躍したのでしょうか。
有名なヤマトタケル伝説をひもとくと、
ヤマト政権による日本列島統一の経緯が浮き彫りになってきます。

① ヤマト政権はだれがつくったの？

A 大王と有力豪族たちが協力してつくりました。

初期のヤマト政権は、大王（のちの天皇）を中心とした有力豪族たちの連合政体であったと考えられています。ただ、初期ヤマト政権の勢力範囲は、大和周辺（現在の奈良県の一部）に限られていました。

② 実在したと言われる最初の天皇ってだれ？

A 崇神（すじん）天皇です。

初代天皇とされる神武天皇の事跡は神話的であり、実在がほぼ確実視されているのは、10代崇神天皇が最初。『古事記』『日本書紀』には「ハツクニシラススメラミコト」と記され、最初に国土を統治した天皇と位置づけられています。一方で「魏志」倭人伝に登場する卑弥呼の側に仕えた弟を指すとする説もあります。

神武天皇が大和を征服する際に踏破したと言われる奈良県の大台ヶ原。日本でも有数の多雨地帯である同地には、伝説に基づいて神武天皇の像が建てられています。

ヤマトタケルが東征の途上に創建したと伝わる三峯神社。(埼玉県秩父市)

Q3 ヤマトタケルってなにをしたの?

A ヤマト政権の全国統一に貢献しました。

12代景行天皇の子とされ、天皇の命を受けて九州や出雲、東国を平定したと伝わります。千葉県に残る袖ヶ浦、木更津などの地名や、東国を指す「あづま」の語はヤマトタケルの遠征伝説に由来するものです。とはいえ、ひとりの業績とするには難しい面もあり、ヤマト政権の統一事業の中で活躍したさまざまな武将たちの武功をひとつにまとめ上げて創作された人物だと考えられています。

Q4 古代の日本で活躍した女性は卑弥呼のほかにはいないの?

A 神功皇后や飯豊皇女がいます。
じんぐう　　　　いいとよ

神功皇后は朝鮮半島に遠征したと『日本書紀』に記されますが、架空の人物ともされます。また、卑弥呼と同一人物とする説もあります。もうひとりの飯豊皇女は顕宗・仁賢天皇の姉で、皇位継承者不在時に即位したという説もあり、飯豊天皇と呼ばれることもあります。

明治時代に描かれた神功皇后。三韓征伐の様子が描かれています。
(月岡芳年「日本史略図会 第十五代神功皇后」)

Q5 古代の天皇って、みんな優しかったの?

A 悪事が伝えられる天皇もいました。

民衆の家々を眺め、立ち上る竈の煙が少ないことから困窮を悟り、3年間税を免除したという仁徳天皇のように、人徳の君主が伝えられる一方、武烈天皇は、妊婦の腹を割いて胎児を取り出したり、木の上に登らせた人を的にして弓矢で射るなど、残虐なふるまいが多かったと『日本書紀』には記されています。武烈天皇は子どもがないまま亡くなったため、応神天皇の5代あとの孫が次の天皇が選ばれました。

Q

ヤマト政権のほかに
どんな勢力が力をもっていたの？

西都原古墳群にある鬼の窟は、コノハ
ナノサクヤビメを見初めた鬼がヒメの父オ
オヤマツミの命を受けて築いた岩屋と伝
わります。実際は、墳丘の周囲に土塁
をめぐらせた珍しい形の円墳です。(宮
崎県西都市／写真：photocreate/
stock.adobe.com)

A
日向(ひゅうが)、吉備(きび)、関東に
大きな勢力があったと
考えられています。

古墳時代―地方勢力

7世紀以前はヤマト政権以外にも独立した勢力がありました。

ヤマト政権が全国に支配圏を広げるまで、九州や中国、関東などではそれぞれ独立した、勢力がその土地を支配していました。

Q 九州にはどんな勢力がいたの？

A ヤマト政権と関係の深い日向の勢力がありました。

宮崎県のほぼ中央部に西都原古墳群があります。31基の前方後円墳、1基の方墳、279基の円墳など、合計310基以上の古墳が集中しており、日本最大級の古墳群となっています。これらの古墳が建造されたのは3世紀から7世紀にかけてと考えられており、古くは3世紀築造の前方後円墳も残っています。諸県君（もろかたのきみ）の娘・髪長媛が仁徳天皇の妃となるなど、ヤマト政権との密接な結びつきがうかがえます。

空から見た西都原古墳群。上部の木々に囲まれた墳丘は、ニニキ命とコノハナノサクヤビメの墓と言われる男狭穂塚（おさほづか）と、女狭穂塚（めさほづか）です。

Q2 中国地方にあった独立勢力は？

A 現在の岡山県を中心とする吉備も独立した勢力でした。

吉備は、岡山県の吉井川、旭川、高梁川の3つの川からなる平野で、古代から多くの人が暮らし、大集落が形成されていました。吉備で発見された2世紀末の楯築墳丘墓(たてつきふんきゅうぼ)は全長約80mで、当時の墳丘墓としては最大級のものです。このことからも吉備の勢力の大きさが分かります。こうした吉備の勢力を支えていたのは、製塩や鉄生産などと考えられており、ヤマト政権の傘下に入ったのは4世紀以降のことでした。

楯築墳丘墓。吉備の首長の墓とされます。

Q3 関東にはどんな勢力がいたの？

A 北関東を中心に大きな勢力がありました。

群馬県太田市の太田天神山古墳は、5世紀なかごろに築かれた東日本最大の前方後円墳です。この時代、上野国・下野国は、毛野(けの)と呼ばれる勢力が支配権をもっていたと考えられています。6世紀前半には毛野を支配する上毛野氏(かみつけのうじ)がヤマト政権に反抗したという記録があるので、このころまでは東国最大の豪族として存在していたと考えられています。

八幡塚古墳。5世紀後半から6世紀前半、高崎市の榛名山南麓に築かれた保渡田古墳群(ほとだこふんぐん)を構成する3つの大型前方後円墳のひとつで、毛野の勢力の首長墓と見られています。

Q
全国で巨大な古墳が
築かれたのはなんのため？

埼玉（さきたま）古墳群にある丸墓山古墳は、直径105m、高さ18.9mという日本最大の規模を誇る円墳で、6世紀の築造とされています。（埼玉県行田市／写真：夕凪/PIXTA）

A
ヤマト政権への服従を示すためです。

古墳時代―古墳文化

前方後円墳だけが、古墳ではありません。

古墳というと前方後円墳が有名ですが、
円墳や方墳などさまざまな様式があります。
バラエティに富んだ古墳の形からは、
埋葬された人の地位やヤマト政権との関係が分かってきます。

Q 前方後円墳が、鍵穴のような形をしているのはなぜ？

A 各地の墓を合体させたためと言われます。

前方後円墳は、弥生時代までに各地に存在した首長の墳墓を合体させた形から生まれたという説があります。墓を丘のように大きく盛り上げる畿内の墳墓をベースに、葺石は出雲地域の四隅突出型墳丘墓などから、墓の内部に木棺や石棺を納める石室（竪穴石槨）は吉備地域や讃岐地域の墳墓から吸収し、前方後円墳を形づくったという説です。ほかにも、前方部は祭祀を行なう場所、後円部が埋葬する場所として設定されたという説や、後円部は同じく埋葬場所だが、前方部は埋葬部分へ向かうための通路だったという説もあり、明確な答えは出ていません。

埼玉古墳群を構成する前方後円墳のひとつ二子山古墳。墳丘長は132mに達します。（埼玉県行田市）

前方後円墳以外の古墳を教えて！

A 円墳、前方後方墳、方墳などがあります。

古墳には、前方後円墳以外にもさまざまな形があります。方形と方形がついた前方後方墳、円形をした円墳、四角形をした方墳、八角形の八角墳、2基の方墳が連結した双方墳などがあります。日本全国に約20万基の古墳があり、そのうち前方後円墳は約4,700基です。最も多いのは円墳で全古墳の9割を占めます。

 なぜいくつも種類があるの？

 前方後円墳　 前方後方墳

A 古墳の形で埋葬された人がランク付けされていたからです。

 円墳　 方墳

古墳の形と大きさは、埋葬されていた人の身分の高さや属していた勢力の大きさを示しています。ヤマト政権は、前方後円墳を頂点とする墓制に支配下の勢力を組み込んでいました。最上級のランクに位置する前方後円墳に葬られることがヤマト政権と近い勢力であったことを示しています。政権との距離が離れるにつれ、前方後方墳、円墳、方墳と、古墳の様式は変化していきます。

 帆立貝式古墳　 八角墳

ヤマト政権は、前方後円墳を最も格の高い古墳と位置づけ、その墓制を征服した勢力に課していきました。

 埴輪がつくられたのはなぜ？

A 殉死の習慣をやめるためとされていますが……。

その昔、権力者が亡くなるとその墓には生きた人間を埋めるという殉死の習慣があり、有力者が亡くなるたびに多くの人が後を追わされていたと言います。11代垂仁天皇の時代、これを見かねた野見宿禰（のみのすくね）という人物が土で人間の形を模した埴輪をつくり、人間の代わりに埋めることを提案したと、『日本書紀』にあります。しかし、実際には日本に殉死の習慣はなく、何かの形を模した象形埴輪よりも先に筒の形をした円筒埴輪が生まれ、魔除けなどの役割を果たしていたのではないかと考えられています。

 古墳はなぜつくられなくなったの？

A 経費削減と仏教の普及のためです。

古墳の築造は実は7世紀まで続いていました。しかし、大化の改新で「薄葬令」が出され、また、仏教の広まりによって火葬が浸透したことで、古墳による埋葬形態が失われていきました。

51

Q
巨大な前方後円墳の築造地が時代によって変わるのはなぜ？

百舌鳥古墳群。仁徳天皇陵とされる大仙陵古墳のほか、消滅したものも含めて大小100基以上の古墳が集中して築かれています。（大阪府堺市）

A
大王のパートナーが変わったためと言われます。

※諸説あります。

古墳時代―謎の4世紀

日本の4世紀は、歴史の空白期間です。

邪馬台国の記録を最後に中国の歴史書から日本の記述が姿を消します。
次に日本に関する文献上の記録が見えるのは、5世紀の倭の五王による遣使の記事。
つまり、4世紀の記録がすっぽりと抜け落ちているのです。
しかし、この4世紀の間にヤマト政権は中国へ使者を派遣するまでに成長していました。
こうしたことから4世紀は「謎の4世紀」と呼ばれ、
日本古代史最大の空白期間となっているのです。

Q1 4世紀以降、河内に巨大古墳が増えるのはなぜ？

A ヤマト政権内の勢力に変化があったからです。

4〜5世紀にかけて、古墳の築造地は奈良盆地から奈良北部の佐紀を経て河内地方に移りました。これは連合体であったヤマト政権内での、大王家を支える豪族の力関係の変化が原因と考えられています。一方で崇神天皇以降の三輪王権から、河内の豪族が政権を奪い、応神天皇を始祖とする河内王権が打ち立てられたためという王朝交替説もあります。

Q2 仁徳天皇陵があんなに大きいのはなぜ？

A 当時のヤマト政権の力が絶大だったからです。

大阪府堺市にある仁徳天皇陵は、全長480mにおよぶ日本最大の前方後円墳です。また、世界最大級の墳墓でもあります。墳丘を築くだけでも、のべ100万人以上の人手が必要だったと考えられ、莫大な費用と労力を投入して築かれました。このことから、仁徳天皇の権力の強大さがうかがわれます。

大仙陵古墳は、仁徳天皇陵とされる日本最大の前方後円墳です。5世紀の築造とされ、墳丘長は525m。築造を命じた大王の権力の大きさが偲ばれます。（大阪府堺市）

③ 倭の五王ってだれ？

A 中国の南朝に使者を送ってきた5人の王です。

4～5世紀にかけて即位した天皇が比定されています。中国の史書には、倭（日本）の王から使者が送られてきたと記録されています。倭の王は全部で5人いて、それぞれの名前は讃・珍・済・興・武で、まとめて倭の五王と呼ばれています。倭の五王がどの天皇に対応しているのかについては諸説ありますが、武は雄略天皇、興は安康天皇、済は允恭天皇と推測されており、これはほぼ定説となっています。ただ讃と珍については、結論が出ていません。

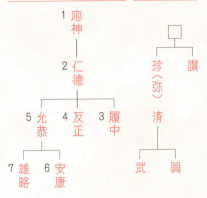

※数字は皇位継承の順
※（　）は『梁書（りょうしょ）』

④ なぜ「謎の4世紀」なの？

A 文字による記録がほとんどないためです。

266年の邪馬台国の朝貢記事以降、中国の歴史書から日本の記録が消えてしまいます。次に登場するのは、421年、倭王讃（応神天皇・仁徳天皇・履中天皇のいずれかと言われる）による中国南朝の梁への朝貢記事。この間に日本では邪馬台国が姿を消し、ヤマト政権の勢力が拡大したのです。

⑤ 記録は一切ないの？

A 朝鮮半島の好太王碑に、倭の朝鮮半島侵攻と、好太王が撃退したことが記されています。

日本側の文字記録は存在せず、中国の史書にも421年の朝貢まで空白期間があります。ただ、朝鮮半島にあった高句麗の好太王の事績を記した石碑には、4世紀の日本と朝鮮半島の関係についてふれた記述があります。

好太王碑には、倭の軍隊が朝鮮半島に上陸し、百済と新羅を征服したが、高句麗に敗れたという記述が刻されています。
（写真：アールクリエイション／アフロ）

Q
日本最古の道って
どこにあるの？

A
奈良の山之辺の道
と言われています。

山之辺の道は、日本最古の道と言われ、大和盆地東側の山の斜面を縫って、纏向から現在の奈良方面へとつながっていました。（奈良県桜井市　写真：坂本照/アフロ）

古墳時代―生活

いまに伝わる文化の源流が、5世紀の日本にありました。

相撲、ズボン、スカート、乗馬などの源流は、
5世紀の日本にあります。
また、裁判が行なわれた記録も残っています。

当麻蹴速と相撲を取る野見宿禰
（月岡芳年『芳年武者无類』）

1 相撲が初めて行なわれた場所が伝わるって本当？

A 本当です。

山之辺の道沿いにある相撲神社は、垂仁天皇の時代に出雲からやってきた野見宿禰（のみのすくね）と、大和の力自慢である当麻蹴速（たいまのけはや）が相撲を取った場所と言われています。

2 争い事があったとき、どんな裁判が行なわれていたの？

A 熱湯を使った占いが行なわれることがありました。

古墳時代まで、人同士がもめて裁判となると、熱湯に手を入れさせ手がただれるかどうかで真偽を判断する盟神探湯（くかたち）という裁判が行なわれていました。『日本書紀』では、応神天皇9年と允恭天皇4年の記事に盟神探湯の記事が見られ、前者では、謀反の疑いをかけられた武内宿禰（たけしうちのすくね）が潔白を晴らし、後者では偽りの氏を名乗る者が炙りだされたとされています。

神社の祭礼で行なわれる湯立て神事も、盟神探湯の名残と言われます。

Q3 当時のファッションは、どんな風だったの？

A 男女とも
ツーピースに
なりました。

5世紀ごろから、男女とも服装の変化がありました。男性は衣と乗馬ズボン風の袴（はかま）、女性は衣とスカート風の裳（も）と、上下に分かれたものが一般的になったようです。これらのファッションは、古墳に埋められた人物埴輪にも表現されています。

（左）当時の男性のファッションをうかがわせる武人埴輪。（右）女性埴輪。スカートのような裳を着ていることが分かります。

Q4 日本には、昔から馬はいたの？

A 4世紀末ごろ、朝鮮半島から輸入されました。

もともと日本には乗馬の習慣はありませんでしたが、朝鮮半島の騎馬兵との戦いなどから馬に乗る技術を学ぶようになり、輸入した馬を自国内で生産するようになります。5世紀以降の古墳からは、馬具も発掘されています。男女のファッションの変化も、乗馬の習慣との関連が深いと考えられています。

馬具を装着した馬の埴輪。

Q
『古事記』の中で
出雲が大きな舞台と
なるのはどうして？

A
大きな勢力があったためでは
ないかと言われています。

稲佐浜は、出雲のオオクニヌシが天皇家の祖先に当たる高天原の神々に国を譲る交渉が行なわれたと伝わる浜です。出雲の諸勢力がヤマト政権に征服されたことを示す神話のひとつとも考えられています。(島根県出雲市／写真：Anesthesia/PIXTA)

古墳時代—出雲王国

出雲の地に勢力を張った
古代出雲王国の興亡——。

出雲地方は、ヤマト政権とはまた別の勢力が支配していました。
古墳の形状や大量の青銅器の発掘などから、
独自の文化が栄えていたと考えられています。

① 出雲独自の文化について

A 独特の形をした墳墓があります。

島根県・鳥取県・広島県などからは、四隅突出型墳丘墓という独特の形をした古墳が多数発見されています。この古墳はその名のとおり、方形墓の4つの角が丸くせり出した形状をしているものです。このような独自の形状をした墳墓がつくられたのは、この地域に独立した勢力があったためと考えられています。

独特の形をした四隅突出型墳丘墓のひとつ西谷3号墳。
出雲に君臨した首長の墓とされています。(島根県出雲市)

② 出雲王国ってどんな国だったの?

A 宗教による結びつきの強い国だったとも考えられています。

出雲に強大な独立勢力が存在したことを示す証拠としては、この地域から銅剣、銅矛、銅鐸などの大量の青銅器が発見されていることがあげられます。出雲市斐伊川町の神庭荒神谷(かんばこうじんだに)遺跡からは、1984年に358本もの銅剣が出土しています。また1996年には、雲南市加茂町の加茂岩倉遺跡から39個の銅鐸が発見されました。これは、ひとつの場所からの銅鐸の出土としては最多のものです。当時、青銅器は祭祀の道具として使われていたと考えられており、出雲王国は信仰の盛んな祭祀王国ではなかったかとも言われています。

加茂岩倉遺跡に復元された銅鐸出土の様子。
出土した銅鐸は島根県立古代出雲歴史博物館に所蔵されています。

Q3 出雲大社ってどんな神社?

A 他の地域にはない独自の様式で、その高さが特徴的です。

毎年800万人もの人が参詣すると言われる出雲大社は、記紀神話の国譲り神話に起源をもつ古い神社です。本殿は大社造と呼ばれる独特なもので、地面から床までの高さが普通の神社とくらべて非常に高く、建物自体もきわめて高くなっています。現在の本殿は江戸時代に造営されたもので、高さは約24m。これでも十分高いのですが、平安時代には倍の48mあったと記録され、さらにそれ以前は96mあったとも伝えられています。

過去に存在した高層建築、出雲大社本殿の復元模型。

Q4 出雲はその後どうなったの?

A ヤマト政権に吸収されたと考えられています。

出雲王国は、最終的にはヤマト政権に吸収されます。それが具体的にいつごろなのかははっきりしていませんが、『古事記』に記された神話では、出雲の地を治めていたオオクニヌシに天照大神の命を受けた高天原の神々が国譲りを迫り、オオクニヌシは立派な宮殿を建てることを条件に国を譲ったとあります。このとき建てられた宮殿が、のちの出雲大社という説もあります。また、『古事記』には、ヤマトタケルが出雲を治めるイズモタケルを斬り殺し、出雲の地を平定したという記述もあります。これらがヤマト政権による出雲征服を象徴していると考えられています。

出雲大社神楽殿。巨大な注連縄(しめなわ)が印象的です。

ここまでの古代史を振り返る！❷

主なできごと

西暦	できごと
3世紀末	纏向遺跡が築かれ、ヤマト政権の基礎が生まれる？
3世紀後半	箸墓古墳が築造される。
4世紀後半頃	沖ノ島の祭祀が始まる。
369年	百済王世子が倭王に七支刀を贈る。
391年	好太王碑文に倭人が朝鮮半島へ侵攻したとある。
5世紀	巨大前方後円墳の築造地が河内に移る。
421年～478年	倭の五王による中国南朝へ遣使が行なわれる。
471年	雄略天皇を示す銘文が刻まれた鉄剣が制作される。

大阪府堺市
百舌鳥古墳群

大仙陵古墳をはじめとする5～6世紀築造の古墳が点在する遺跡です。

宮崎県西都市
西都原古墳群

3世紀前半ごろから7世紀前半にかけて築造された無数の古墳が点在する古墳群。ヤマト政権と日向の勢力との関わりが分かります。

奈良県桜井市・天理市など
山之辺の道

奈良盆地の東南にある三輪山のふもとから東北部の春日山のふもとまで通る〝日本史上最古の道〟。周囲にはヤマト政権ゆかりの遺跡が点在します。

埼玉県行田市
埼玉古墳群

雄略天皇を示すと思われる銘が刻まれた鉄剣が発見された稲荷山古墳や、日本最大の円墳・丸墓山古墳などがある古墳群です。

奈良県橿原市
橿原神宮

初代・神武天皇を祀る明治時代の創建の神社です。背後には神武天皇陵を麓に抱く畝傍山がそびえます。

奈良県桜井市
纒向遺跡

訪ねておきたい古代遺跡

ヤマト政権の発祥地と目される都市遺跡。三輪山のふもとに広がり、付近には最初期の巨大前方後円墳が点在します。

Q 皇太子がいなくなることは
なかったの？

越前市の味真野苑にある継体天皇「花がたみ」の像。隣に座るのは妃のひとり照日の前です。(福井県越前市／写真：田中重樹/アフロ)

Ａ ６世紀初頭、断絶の危機を 迎えたことがありました。

武烈天皇が後嗣を定めずに崩御したため、豪族たちの合議により応神天皇の５世の孫として、越前より継体天皇が迎えられました。

飛鳥時代―継体天皇と磐井の乱

日本は海を渡り、
鉄を求めて朝鮮半島へ。

朝鮮半島で三国が争っている中、
資源を求めて日本も海を渡り進出していきました。
そうした中、北九州で大規模な反乱が勃発します。

Q 『日本書紀』に「〇〇宮」が
たくさん出てくるのはなぜ？

A 代替わりごとに宮を変えていたためです。

さらに、ひとりの天皇でも何度も宮を変えることがありました。古代の大王（天皇）の宮殿は、現在の奈良県内を中心に何度も場所が変わっています。また現在の大阪府に移った時期もあり、さらには遠くの山口県や福岡県に宮殿がつくられることもありました。さまざまな理由があったと考えられていますが、権力争いなど政治的事情が多かったとされています。

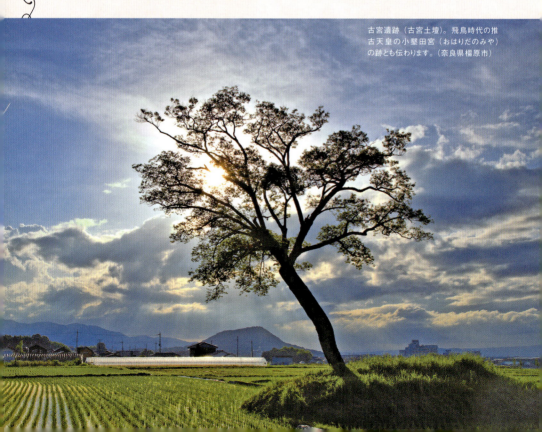

古宮遺跡（古宮土壇）。飛鳥時代の推古天皇の小墾田宮（おはりだのみや）の跡とも伝わります。（奈良県橿原市）

② 日本が朝鮮半島に進出を始めたのはなぜ？

A 鉄を手に入れるためでした。

4世紀以前から、ヤマト政権は朝鮮半島南部にあった諸国と鉄資源を確保するために密接な関係をもっていました。とくに鉄鋌（てってい）は、武器や武具、農具を制作するのに欠かせない鉄素材で、朝鮮半島南部からの輸入に頼っていました。同時にヤマト政権が国内の流通を一手に握っており、地方勢力は鉄を安定的に手に入れるために政権への服従を余儀なくされていました。

③ 朝鮮半島で争っていた三国って？

A 高句麗（こうくり）、新羅（しらぎ）、百済（くだら）が勢力争いをしていました。

7世紀までの朝鮮半島では、北部に高句麗、東部に新羅、西部に百済という国があり、高句麗、百済が滅亡する7世紀中盤までを三国時代と呼んでいます。4世紀後半、朝鮮半島北部にあった高句麗が南下策を進めたため、日本は百済や加羅諸国と結んで高句麗と戦うようになります。加羅諸国は南部にある小国群で、6世紀なかごろまでに次々と百済や新羅の支配下に入り、最終的に新羅によって消滅します。ヤマト政権は加羅諸国との関係が深かったため、これが消滅したことで、朝鮮半島における影響力を大きく後退させました。

百済王神社（百済寺跡）。日本に残った百済の王族が造営したと伝わります。（大阪府枚方市）

④ 北九州の大規模な反乱について教えて！

A 筑紫君磐井（つくしのきみいわい）による反乱のことです。

527年に、北九州で筑紫君磐井による反乱が起こりました。当時のヤマト政権は、新羅遠征の軍勢を北九州に集結させていましたが、新羅と通じた北九州の豪族・磐井が叛旗を翻したのです。この反乱の原因については諸説ありますが、当時の北九州の豪族は朝鮮遠征のためにヤマト政権より過度な負担を要求されており、それに耐えかねたためとも言われています。継体天皇は物部麁鹿火（もののべのあらかい）を派遣し、2年をかけてこの反乱を鎮圧しました。

磐井が眠るとも言われる岩戸山古墳。（福岡県八女市）

Q
蘇我氏はどうやって権力を握ったの？

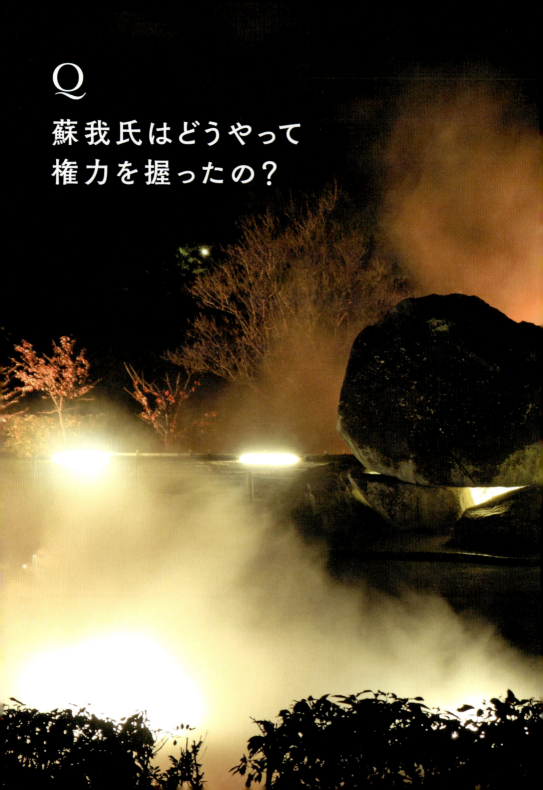

A
国の財政を握ったことが
きっかけです。

また、渡来人を活用して技術を吸収したとも言われます。

奈良県飛鳥村の石舞台古墳は、蘇我馬子の墓と伝わる方墳で、石室部分がむき出しになった状態で伝わります。(奈良県明日香村／写真：上田安彦／アフロ)

飛鳥時代―蘇我氏と渡来人

ヤマト政権を支えた有力豪族、日本の発展に貢献した渡来人。

さまざまな有力豪族たちが役割分担していたヤマト政権。
6世紀、そうした中から頭角を現わし、
他の豪族を圧倒する力を持ったのが蘇我氏です。
大臣(おおおみ)に抜擢された稲目(いなめ)以降、馬子(うまこ)・蝦夷(えみし)・入鹿(いるか)と続き、政権の実権を握る存在となります。
その力を支えたのが、政権の財務管理と渡来人の技術でした。

① 蘇我氏って、どこからやってきたの?

A 詳しくは分かっていません。

蘇我氏は6世紀頃から政権内に登場する新興の豪族です。『古語拾遺』という歴史書には、蘇我氏が雄略天皇の時代に「三蔵(斎蔵・内蔵・大蔵)」の管理を任されたという記事が見られますが、その出自ははっきりしていません。現在の奈良県葛城市周辺に勢力を張った葛城氏の末裔とする説のほか、蘇我稲目以前の系譜から渡来人だったのではないかとも言われています。

蘇我氏の系譜

武内宿禰(たけのうちのすくね)― 蘇我石川宿禰(そがのいしかわのすくね)― 満智(まち)― 韓子(からこ)― 高麗(馬背)(こま/うまぜ)― 稲目― 馬子― 蝦夷― 入鹿(鞍作)(くらつくり)

② 渡来人ってどんな人たち?

A 戦火を逃れ、朝鮮半島や中国から渡ってきた人たちです。

4世紀末から5世紀にかけて、朝鮮半島で戦乱が激化したことにより多くの人々がそれを逃れて日本列島に渡ってきました。これを渡来人と言います。また中国から日本に渡ってきた人たちもいました。渡来人の多くは、鉄器や土器の制作、金工、紡績、馬の生産など先進的な技術をもっており、ヤマト政権や各地の豪族はそれらを積極的に受け入れました。5世紀後半には、ヤマト政権は渡来人たちを品部(しなべ)という技術者集団として編成し、日本は大きく発展していきます。結果、古墳時代には装飾技術のほか、須恵器や竈(かまど)、新しい農具などが日本で見られるようになります。

Q3 蘇我氏のライバルとなった古代豪族を教えて！

A 物部氏を筆頭に大伴氏、葛城氏などがいました。

ヤマト政権は、多くの豪族たちによって支えられていました。その中でも大和地域の豪族たちが政権内では重要な地位を占めていました。有力な豪族としては、物部氏、葛城氏、大伴氏、久米氏、巨勢（こせ）氏、和邇（わに）氏などがあります。初期ヤマト政権では、大伴氏、久米氏などが軍事を司っていましたが、次第に物部氏が担うようになっていきました。

蘇我氏のライバルであった豪族・物部氏が祭祀を担当した石上神宮。（奈良県天理市）

Q4 渡来人で、有力豪族となった人たちもいるの？

A 秦氏や東漢氏の先祖は渡来人です。

渡来人の中には一族で日本に渡ってきて大和の地に定着し、豪族となった人々もいます。代表的なのが秦氏と東漢氏です。秦氏は養蚕や機織りの技術を日本にもたらし、ヤマト政権に重用されました。いっぽう東漢氏は文筆や外交、財務面で政権に仕え、日本の発展に大きく寄与しています。

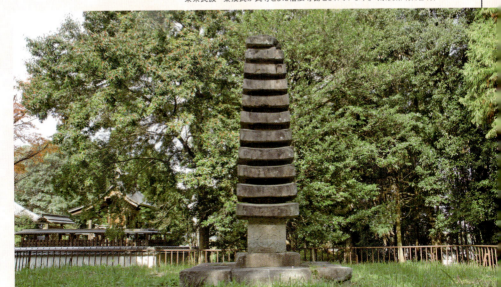

於美阿志神社（あみあしじんじゃ）に残る檜隈寺跡の石塔婆。蘇我氏を支えた渡来系氏族・東漢氏が氏寺とした檜隈寺跡とされています。（奈良県明日香村）

Q
仏教はいつ日本に伝わったの？

A
538年とされていますが、552年という説もあります。

日本に仏教が伝わったのは、6世紀、欽明天皇の時代のことです。朝鮮半島の百済の聖明王から日本の欽明天皇に仏像と経典が送られたことが、『日本書紀』に記されています。これがいつのことかについては諸説あり、一般的には『上宮聖徳法王帝説』の記述に沿って538年のこととされていますが、552年とする説もあります。

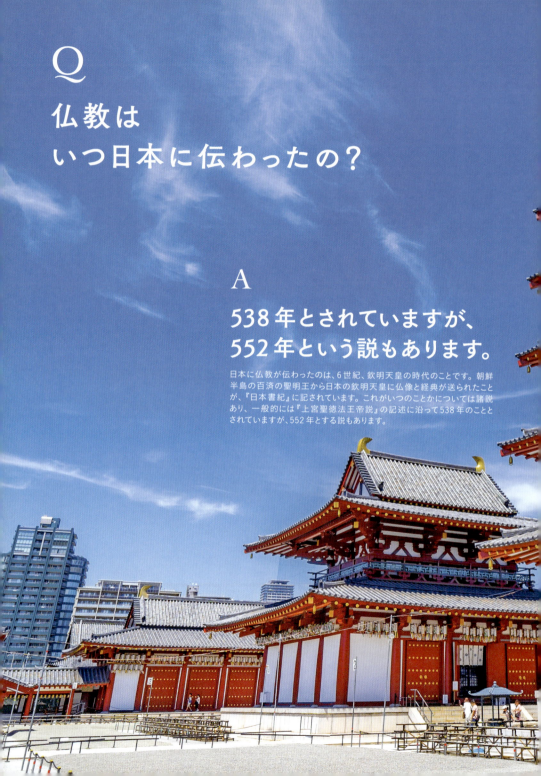

四天王寺は、廃仏派の物部氏を討ったのち、聖徳太子が四天王に感謝して建立したとされる寺です。(大阪府天王寺区／写真：beeboys/stock.adobe.com)

飛鳥時代―仏教公伝

王族や豪族の権威を示すため、多くの寺院が建立されました。

6世紀に日本に仏教が伝わると、
やがて王族や豪族たちが次々と寺を建立しました。
しかし、八百万の神々を信奉する日本において、仏教はなかなか受けいれられず、
豪族同士の争いの焦点のひとつともなりました。

① なぜ百済の聖明王は仏教を日本に伝えたの？

A　軍事援助の見返りでした。

一概に「仏教」といってもただの宗教ではありません。そこに付随する思想、建築、仏像などの仏教美術と、ひとつの文化体系を形成していました。こうした仏教を日本に伝えた聖明王は当時、隣国の新羅と交戦中で、日本に援軍を求めていました。これに日本が応じたことへの見返りとして、金銅仏一体、幡・蓋などの装飾品、そして経典をヤマト政権に贈ったとされています。

仏教伝来之地碑。大和川の中流域にあたり、付近には海柘榴市（つばいち）という古代の市が開かれた繁華街がありました。（奈良県桜井市）

② 仏教は、朝鮮半島からどんな経路で都に伝えられたの？

A　大阪湾から川をさかのぼって都に伝わりました。

朝鮮半島からは対馬海峡を越え、関門海峡を抜けて瀬戸内海に入り、大阪湾を目指すという航路が使われていたと考えられています。当時、飛鳥への玄関口は大阪湾に注ぐ大和川をさかのぼった桜井市金屋付近にありました。そこには『日本書紀』や『万葉集』に登場する海柘榴市という市があり、外国からやって来た人々は、そこから上陸して飛鳥へと向かっていました。

夕暮れの大和川。飛鳥時代は重要な水上交通路でした。

Q3 飛鳥時代に、なぜ多くのお寺が建てられたの？

A 大王や豪族が権威を示すためでした。

7世紀前半、王族や蘇我氏により仏教中心の文化が広められます。これを飛鳥文化と言います。これに伴い王族や豪族はこぞって寺院を建立しました。代表的なものとしては、蘇我氏による飛鳥寺、厩戸王（聖徳太子）創建と言われる四天王寺、法隆寺、舒明天皇創建と伝えられる百済大寺（くだらのおおてら）などがあります。これらの寺院の建立は、古墳に変わって王族や豪族の権威を示すものとなりました。

飛鳥時代の建立当初から修復を繰り返されながら伝わる飛鳥寺の飛鳥大仏。（奈良県明日香村）

Q4 百済大寺はどこにあったの？

A 所在は不明ですが、天香具山（あまのかぐやま）の北東にあった可能性があります。

『日本書紀』には、639年に百済大寺を建立したという記述があります。しかし現存していないため、所在地は不明のままです。ただ、1997年に奈良県の天香具山の北東に位置する吉備池というため池から、大きな基壇が発見されました。東側の基壇は、東西約37m、南北約28mと非常に大きく、本堂の基壇と考えられています。大きさは法隆寺の本堂の2倍以上で、百済大寺のものではないかと推測されています。

藤原京跡から見た天香具山。風土記の逸文に天から降ってきた山という伝承が見られます。（奈良県明日香村）

77

Q
聖徳太子が天皇にならなかったのはなぜ？

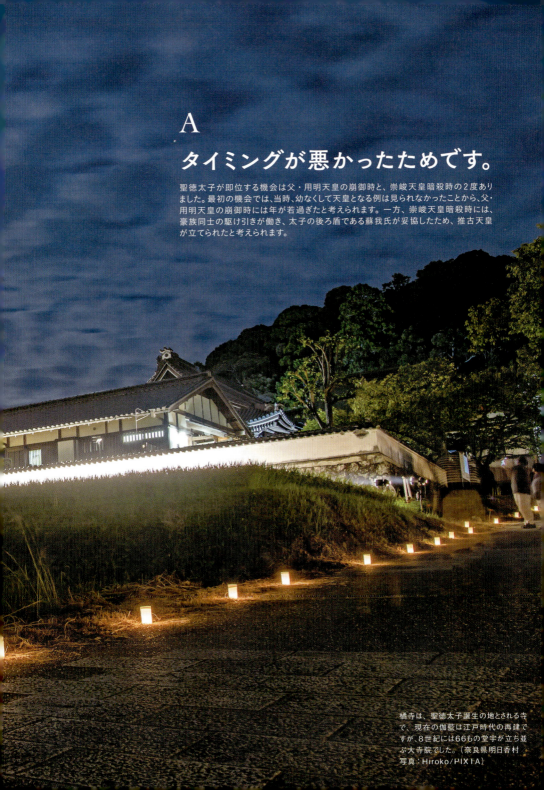

A
タイミングが悪かったためです。

聖徳太子が即位する機会は父・用明天皇の崩御時と、崇峻天皇暗殺時の2度ありました。最初の機会では、当時、幼なくして天皇となる例は見られなかったことから、父・用明天皇の崩御時には年が若過ぎたと考えられます。一方、崇峻天皇暗殺時には、豪族同士の駆け引きが働き、太子の後ろ盾である蘇我氏が妥協したため、推古天皇が立てられたと考えられます。

橘寺は、聖徳太子誕生の地とされる寺で、現在の伽藍は江戸時代の再建ですが、8世紀には66もの堂宇が立ち並ぶ大寺院でした。(奈良県明日香村 写真:Hiroko/PIXTA)

飛鳥時代―聖徳太子

蘇我氏とともに政治を動かし、蘇我氏に滅ぼされた聖徳太子。

冠位十二階や十七条憲法を定めて国の形の基礎をつくり、遣隋使を派遣して隋との間に対等外交を成立させたとされる聖徳太子。しかし、その子孫には悲劇が待ち受けていました。

① 日本で最初の女性天皇ってだれ？

A 推古天皇です。

蘇我馬子が592年に崇峻天皇を暗殺して、政治権力を握ります。これに協力的であった敏達天皇の后は、息子の竹田皇子が即位する年齢に達する間をつなぐため、推古天皇として即位しました。これが初の女性天皇です。

推古天皇は、日本だけでなく東アジアでも最古の女性君主となりました。

② いつから大和「朝廷」と呼ぶの？

A 推古天皇の時代からです。

600年、飛鳥に小墾田宮（おはりだのみや）が造営され、政治空間の場である朝庭（朝廷）が設定されました。庭は南に正門を構え、北に天皇が出御する御座所が控え、左右に大臣や豪族が連なる朝堂が並んでいました。

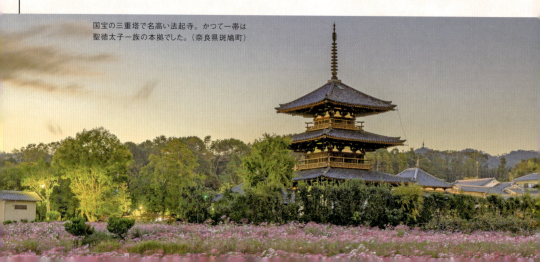

国宝の三重塔で名高い法起寺。かつて一帯は聖徳太子一族の本拠でした。（奈良県斑鳩町）

Q3 遣隋使の手紙を見て煬帝は激怒したのに、なぜ日本と国交を断絶しなかったの？

A 遠征を計画していた高句麗側に日本がつくことを恐れたためです。

聖徳太子は、隋と対等の立場での外交を目指し「日出ずる処の天子、書を日没する処の天子に致す」という書を遣隋使にもたせましたが、臣下の礼をとらなかったことで隋の煬帝を激怒させました。しかし当時、隋は朝鮮半島の高句麗と対立して遠征を計画していたこともあり、日本を高句麗方につかせることは得策ではありません。そのため、日本に使者を送り、国交を継続したのです。

607年の遣隋使において、「日出ずる処の天子……」の国書を受け取った隋の第2代皇帝・煬帝。3度の高句麗遠征に失敗し、隋を衰退させました。

Q4 聖徳太子の子孫はどうなったの？

A 根絶やしにされました。

蘇我馬子から蝦夷を経て入鹿の時代になると、蘇我氏の権力は天皇に匹敵するほどとなります。そこで入鹿は蘇我氏の血を引く古人大兄皇子（ふるひとのおおえのみこ）の擁立を画策し、聖徳太子の子である山背大兄王（やましろのおおえのおう）を643年に自害に追い込み、その他の聖徳太子の一族も根絶やしにされました。

聖徳太子の建立の斑鳩寺を前身とする法隆寺。1993年、法起寺とともに日本で最初の世界遺産に登録されています。（奈良県生駒郡斑鳩町）

Q
蘇我氏は悪者だったの？

蘇我入鹿首塚は、飛鳥寺の西側に佇む五輪塔。乙巳の変において飛鳥板蓋宮で中大兄皇子らに暗殺された蘇我入鹿の首が、ここまで飛んできたと言われ、首を供養するために建てられたと伝わりますが、五輪塔自体は鎌倉時代または南北朝時代の建立と考えられています。（奈良県明日香村／写真：Hiroko/PIXTA）

A
近年見方が変わりつつあります。

飛鳥時代―大化改新

絶大な権力を誇った蘇我氏も乙巳（いっし）の変で終焉を迎えます。

聖徳太子とともに日本の国の基礎をつくり上げた蘇我氏でしたが、
その専横ぶりがあまりにも目についたため、
中大兄皇子と中臣鎌足らによって殺されます。
以降日本は中央集権国家への脱皮を見据え、大化改新へと突き進んでいきます。

① 大化改新ではどんな改革が行なわれたの？

A 天皇中心の中央集権体制がつくられました。

豪族の私有地である田荘（たどころ）・部曲（かきべ）を廃止して、公地公民制への移行が行なわれました。それに伴い、全国的な人民・田地の調査が行なわれ、統一的税制が施行されたと考えられています。

② なぜ大化改新が行なわれたの？

A 実は唐の日本侵攻に備えるためでした。

以前は大化改新というと、天皇を中心とする律令国家づくりを目的として、蘇我氏を討ち改革を行なったものとされていました。ですが、蘇我氏打倒後の政治は、蘇我氏の政治よりむしろ保守的なものでした。いわゆる改革が行なわれ、唐の体制が本格的に導入されるのは、蘇我氏を討った乙巳の変の約20年後、白村江（はくすきのえ）の戦いに敗れたあとのことです。

蘇我入鹿暗殺の舞台となった飛鳥板蓋宮（あすかいたぶきのみや）跡。

『多武峯縁起絵巻』から「乙巳の変」。入鹿の首がはねられ宙を舞っている様子が描かれています。（談山神社所蔵）

③ 蘇我入鹿はどうやって殺されたの？

A 宮殿での儀式中に暗殺されました。

政権内では、しだいに蘇我氏の専横に対する不満が募り、蘇我氏打倒計画が進行していました。その中心にいたのが、中大兄皇子と中臣鎌足です。645年に中大兄皇子らは蘇我入鹿を飛鳥板蓋宮に呼び寄せ、儀式の最中に中大兄皇子自ら入鹿を斬りつけ殺します。その後、皇子らは飛鳥寺で戦の準備をし、入鹿の父・蝦夷との対決に備えますが、情勢不利と悟った蝦夷は自害します。これが乙巳の変です。

④ 中大兄皇子と中臣鎌足はどうやって出会ったの？

A 蹴鞠（けまり）の会で出会いました。

中大兄皇子は舒明天皇と皇極天皇との間に生まれた皇子です。一方、中臣鎌足は、祭祀を担う中臣氏の出身で、蘇我氏政権下で冷遇されていたとされます。ふたりは飛鳥寺で開かれた蹴鞠の会で出会い、意気投合したと伝えられています。

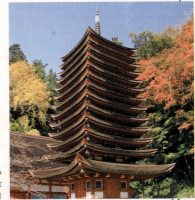

談山神社。多武峰という山にあり、その名は中大兄皇子と中臣鎌足が、大化改新に関する談合を行なったことに由来します。また、紅葉の名所として知られています。（奈良県桜井市）

85

Q
アマテラス大神を祀る神社が伊勢にあるのはなぜ？

A
太陽信仰の地だったためと言われています。

冬至の日の伊勢神宮。宇治橋の中心を通って太陽が昇ります。（三重県伊勢市／写真：高椋俊樹/アフロ）

飛鳥時代─八百万の神々の信仰

古代から日本では、数多くの神を崇めてきました。

日本人が古くから崇めてきた神々のことを「八百万（やおよろず）の神」と言います。
日本の神話の中の神々はアマテラス大神を頂点とし、
スサノオや大国主（おおくにぬし）なども信仰を集めてきました。
また、竈（かまど）の神や便所の神など、あらゆるものに神が宿っているともされています。

Q 「八百万の神」と呼ぶのはなぜ？

A 八百万柱ではなく、「たくさんいる」という意味です。

八百万の神とは「とても多くの神」という意味で、厳密に神様が八百万柱いるわけではありません。古代の日本では、「たくさん」や「大きい」ことを示すときに「八」という数字が使われました。三種の神器の八咫鏡（やたのかがみ）や八尺瓊勾玉（やさかにのまがたま）の「八」も、そういう意味です。

出雲大社に集った神々。中央は大国主。（「出雲の大社八百萬神どうけ遊び図」／古代出雲歴史博物館所蔵）

② 伊勢神宮で、アマテラス大神を祀っていたのは誰？

A 選ばれた内親王や王女です。

伊勢神宮でアマテラス大神に奉仕した皇族の女性を「斎宮」と呼びます。新しい天皇が即位する際、斎宮は未婚の内親王や王女から占いによって選出され、禊の儀式を経て、ここ斎宮に移りました。斎宮には身の回りの世話をする女官50人が仕え、事務を担う斎宮寮には、500人を超える官人がいたと推定されています。

斎宮が伊勢神宮へと向かう行列を再現した斎宮行列。

③ ほかにはどんな神社が重んじられていたの？

A 石上神宮、出雲大社、沖ノ島（宗像大社）などがあります。

布都御魂大神（ふつのみたまのおおかみ）を祀る石上神宮や、大国主を祀る出雲大社、宗像三女神を祀った沖ノ島（宗像大社）などが古代の日本では重視されていました。このうち沖ノ島は「神宿る島」として世界遺産にも認定されています。

筑前大島に鎮座する、宗像大社の中津宮。宗像市の辺津宮、沖ノ島の沖津宮とともに世界遺産に登録されています。

④ 三種の神器ってなんですか？

A 天皇家に伝わる3つの宝物です。

三種の神器とは、正統な天皇であることを証明する3つの宝物のことです。剣である天叢雲剣（あめのむらくものつるぎ）と、鏡の八咫鏡、玉である八尺瓊勾玉の3つからなっています。このうち剣は熱田神宮に、鏡は伊勢神宮内宮に、玉は皇居の剣璽（けんじ）の間に安置されています。

Q
瀬戸内海沿岸に飛鳥時代の城が点在するのはなぜ?

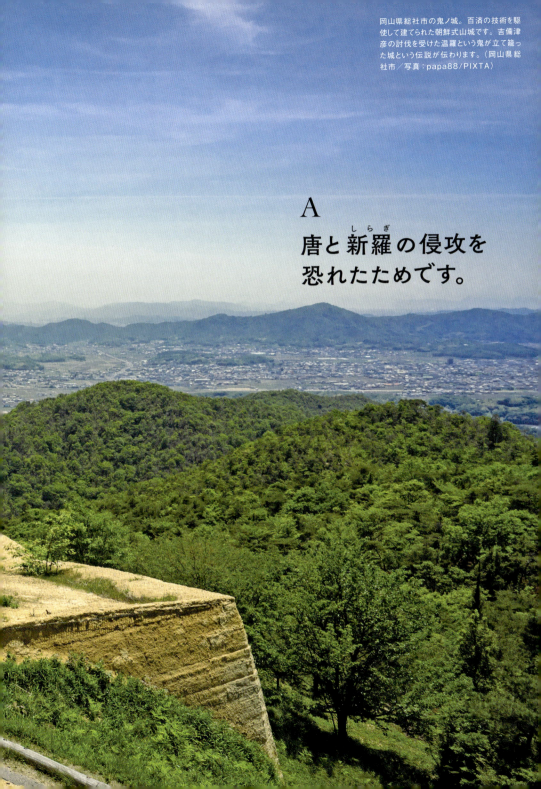

岡山県総社市の鬼ノ城。百済の技術を駆使して建てられた朝鮮式山城です。吉備津彦の討伐を受けた温羅という鬼が立て籠った城という伝説が伝わります。(岡山県総社市／写真：papa88/PIXTA)

A
唐と新羅(しらぎ)の侵攻を恐れたためです。

飛鳥時代―飛鳥宮と白村江の戦い

瀬戸内海に点在する
巨大な城郭群を知っていますか？

瀬戸内海の沿岸には、飛鳥時代に建設された城跡が点在しています。
これらの築城の発端となったのは、
古代日本が始めて経験した中国王朝との衝突「白村江(はくすきのえ)の戦い」でした。

① 白村江の戦いってどんな戦い？

A 朝鮮半島を舞台に、日本と百済(くだら)の遺民が
唐・新羅(しらぎ)連合軍と戦った戦争です。

660年、朝鮮半島では新羅が中国の王朝・唐と結んで日本の同盟国・百済を滅ぼしました。これに対し日本は百済復興を支援するため、半島に大軍を派遣しました。663年8月末、日本軍の水軍は唐・新羅連合軍と白村江で激突するも壊滅。これにより日本の朝鮮半島への影響力は著しく低下しました。

② 日本軍が
あっさり負けてしまったのはなぜ？

A 作戦があまりにも稚拙だったからです。

『日本書紀』によると、「我らが機先を制すれば、敵は自ずと退却するだろう」という無謀な作戦が紹介されています。一方の唐は戦慣れした将兵が揃っており、突撃してきた日本軍の船を包囲して殲滅したと言われます。

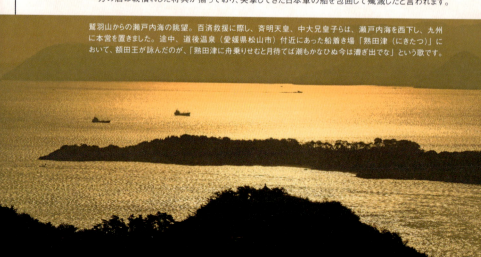

鷲羽山からの瀬戸内海の眺望。百済救援に際し、斉明天皇、中大兄皇子らは、瀬戸内海を西下し、九州に本営を置きました。途中、道後温泉（愛媛県松山市）付近にあった船着き場「熟田津（にきたつ）」において、額田王が詠んだのが、「熟田津に舟乗りせむと月待てば潮もかなひぬ今は漕ぎ出でな」という歌です。

③ 白村江の戦いのあと、日本はどうしたの？

A 慌てて守りを固めるようになりました。

時の最高権力者であった中大兄皇子は、唐・新羅が勝ちに乗じて攻め込んでくることを警戒し、北九州から大和へ至る防備を固めていきます。まず大宰府が現在地に移動され、北側にこれを守る水城が設置されました。さらに対馬に金田城を築くと、大和に高安城、讃岐に屋島城を築城。亡命百済人の助力を得て、朝鮮の山城築造の技術を取り入れて建てられました。また、防人（さきもり）が置かれたのもこの時代のこと。東国の兵が集められて大宰府などの守りにつきました。都も飛鳥から近江へと移されています。

水城跡。大宰府を守る要塞として建設されました。（福岡県太宰府市・大野城市・春日市）

④ 朝鮮半島はその後どうなったの？

A 新羅によって統一されました。

唐と新羅は、百済に加えて668年、高句麗を攻め滅ぼします。すると新羅は670年に決起して676年までに朝鮮半島に駐留していた唐を追い出してしまいました。その後、高句麗の遺臣たちによって満洲付近に渤海国が建てられています。

★COLUMN★ 明日香村にあるオブジェ

明日香村を歩いていると、さまざまな場所で不思議な石像物を目にします。亀石、酒船石、鬼の俎（まないた）、鬼の雪隠（せっちん）などその種類は多種多様。おそらく斉明天皇の時代に築かれたものと考えられていますが、なんのためにつくったものなのか、はっきりとしたことは分かっていません。道教にのめり込んだ天皇が桃源郷の世界を現出させようとしたためとも、外国使節の歓迎のためとも言われています。

明日香村にある亀石。向きを変えると洪水が起こるという伝説が伝わっています。

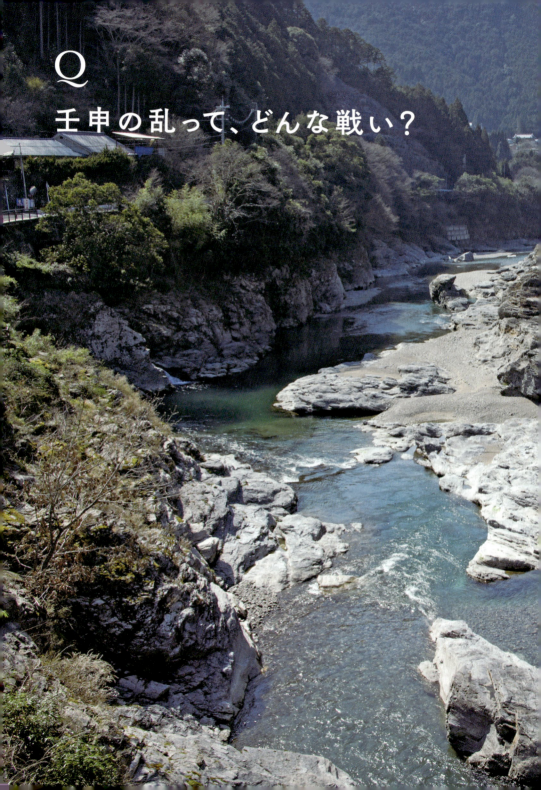
Q
壬申の乱って、どんな戦い?

吉野宮滝遺跡。吉野の名勝として知られ、大海人皇子が隠棲したと伝わります。(奈良県吉野町／写真:萱村修三／アフロ)

A
天智天皇没後の皇位を巡る叔父と甥の争いです。

飛鳥時代―壬申の乱〜大津皇子の変

古代天皇家最大の争いの果てに、天武天皇が誕生しました。

日本の歴史においてはじめて、
本格的な天皇中心の政権をつくったのは天武天皇です。
その誕生の背後には血族間の血で血を争う戦いがありました。

桜舞う吉野山。古来より桜の名所として有名です。(写真：アフロ)

Q 大海人皇子はなぜ吉野に逃げたの？

A 天智天皇の粛清を避けるためです。

天智天皇は皇太弟の大海人皇子を差し置き、実子の大友皇子に位を譲りたいと考えました。天智天皇はそれまでにも多くの政敵を粛清していましたから、天皇の意図を察した大海人皇子は、身を護るため出家を理由に吉野へ隠遁します。しかし、吉野に隠遁したものの気を緩めたわけではありません。大友皇子が天智天皇の陵を築くために集めた人夫に武器を持たせていることを耳にするや挙兵し、美濃国内で兵を集め、東国への交通の要衝を封鎖。これにより壬申の乱が始まります。

Q2 壬申の乱の最大の戦いの舞台となったのは?

A 琵琶湖南端に架かる瀬田橋です。

大海人皇子の軍勢は、大友皇子のいる大津宮をめざし、二手に分かれて琵琶湖の両岸を南下しました。一方、大友皇子の側は最後の防衛線である瀬田橋に陣を構え迎え撃たんとします。こうして瀬田橋をめぐる激しい戦いが起き、戦いは大海人皇子の勝利に終わりました。大友皇子は戦場を離脱し山崎で自殺、大海人皇子は飛鳥浄御原宮(あすかきよみはらのみや)で即位し、天武天皇となりました。

壬申の乱最大の激戦の舞台となった瀬田橋。(滋賀県大津市)

Q3 天武天皇は後継者選びをどのように行なったの?

A 家族の前で後継者を示しました。

天武天皇は皇位継承者を明言しませんでしたが、679年に吉野へ行幸した折、皇后・鵜野讃良皇女(うののさららのひめみこ)と、その子・草壁皇子(くさかべのみこ)に加え、大津・川嶋・高市・忍壁・芝基の諸皇子の前で、皇子たちの序列を決定しました。ここで草壁皇子の優位が示され、平和裏に皇位が移譲されるはずでしたが、のちに大津皇子が自害する事件が起こってしまいます。

Q4 なぜ大津皇子は、自害してしまったの?

A 謀反の罪とされますが、濡れ衣だとも言われています。

天武天皇は晩年、第二皇子である草壁皇子を皇太子に決めました。ですが、第三皇子である大津皇子の才能も捨てがたく、大津も政治に参加させます。しかし、天武天皇崩御の直後に大津皇子は謀反の罪で捕らえられ、その翌日に死を命じられました。これを大津皇子の変といいます。本当に謀反の計画があったかどうかについては諸説あり、草壁皇子の権威を盤石なものとしたい母・鵜野讃良皇女による陰謀説も有力です。

大津皇子が眠る二上山。雄岳・雌岳と2つの山頂があり、その間に太陽が沈む様子から人々に崇められてきました。(奈良県葛城市・大阪府南河内郡太子町)

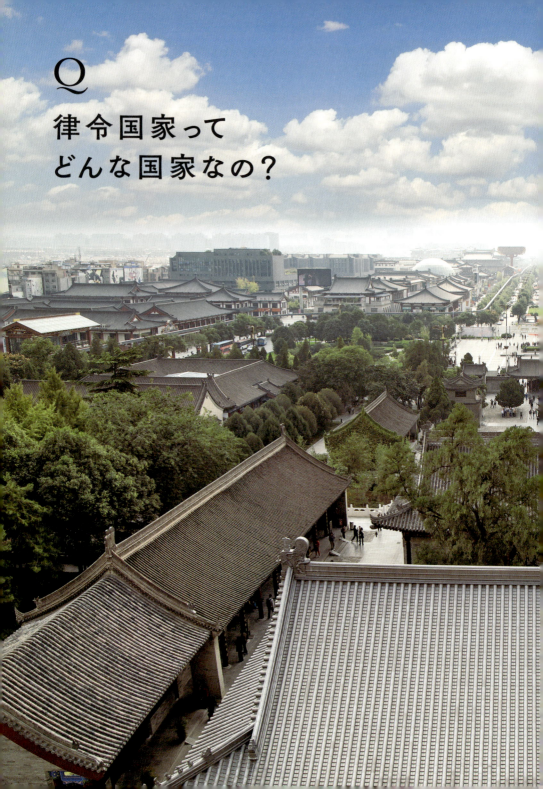

Q
律令国家って
どんな国家なの？

天武天皇が律令国家づくりの手本とした唐の都・長安（現在の西安）。（写真：VLADJ55/PIXTA）

A
法令によって
統治される国家です。

飛鳥時代―律令国家の政治制度

律令制の完成により、日本は「国」になりました。

明文化された法律の制定や地方行政組織の整備、公的歴史書の編纂などにより、8世紀、日本は国としての形を整えました。

① 日本最古の貨幣ってなに？

A 富本銭（ふほんせん）とされています。

それまでの日本は物々交換が基本でしたが、天武天皇は中国などにならい銭貨の鋳造を行ないました。日本で最初の銭貨は富本銭とされ、その直後には和同開珎（わどうかいちん）という銭貨もつくられました。実際に貨幣として流通するようになったのは、和同開珎からとも考えられています。

富本銭。直径およそ24mmと現在の10円硬貨より少し大きいくらいで、中央の穴の一辺は6mmです。

② 現存最古の歴史書ってなに？

A 『古事記（こじき）』と『日本書紀（にほんしょき）』です。

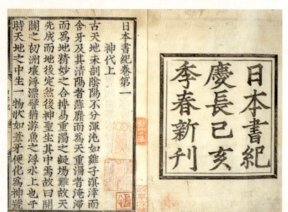

天武天皇は中国の史書にならい、日本も公式の歴史書をつくるべきだと考えました。その命によって編纂がはじまったのが『古事記』と『日本書紀』です。ただ、どちらも完成したのは天武天皇の亡くなったあとのことです。聖徳太子の時代、『帝記』『旧辞』が編まれたと『日本書紀』にありますが、内容はほとんど伝わっていません。

『日本書紀』の冒頭部。ちなみに『日本書紀』と『古事記』を合わせて「記紀」と呼びます。

Q3 日本で最初の本格的な法律ってなに？

A 8世紀につくられた大宝律令(たいほうりつりょう)です。

701年に藤原不比等らにより大宝律令という法律が完成しました。これにより律令制度による政治の仕組みが整います。律とは刑法のこと、令とは行政組織や官吏の規程、人民の租税・労役についての規程のことです。ちなみに「日本」が国号として正式に使われるようになったのもこのころのこととされています。

藤原不比等。藤原家の家祖・鎌足の子ですが、天智天皇の落胤だという説もあります。

Q4 地方はどのように治めていたの？

A 畿内・七道に区分して治めていました。

律令制の完成に伴い、全国的な地方組織も整えられました。全国を畿内・七道に行政区分し、さらに国・郡・里を定め、それぞれに国司・郡司・里長を任命しました。国司には中央から貴族が派遣され、郡司には地方豪族が任じられました。

畿内・七道の区分

Q
最古の和歌ってどんな歌?

菜の花咲く小貝川より望む筑波山。茨城県の筑波山の山麓は、歌垣が開かれる行楽地として知られていました。(茨城県／エムオーフォトス／アフロ)

A
建物の新築を祝う歌でした。

『古事記』によると、宮の新築時に須佐之男命が詠んだ「やくもたつ いづもやへがき つまごみに やへがきつくる そのやへがきを」が起源とされますが、すでに五音・七音の体裁が整えられており、実際はそれほど古い歌ではないようです。『万葉集』には、雄略天皇の歌として三音・五音・六音と連なるさらに古い時代の歌が伝えられています。

飛鳥時代―和歌のはじまり

古代の人々が、
和歌に託した素直な気持ち――。

神話の時代から、言葉を一定のリズムに乗せて
歌にするという文化はあったとされています。
現代にも伝わる歌からは、古代の人々の気持ちが伝わってきます。

① 飛鳥時代の男女は、どこで運命の出会いを果たしたの?

A 和歌を詠み合う「歌垣（うたがき）」と言うイベントがありました。

若い男女が歌を詠み交わすことで求愛し合ったのが歌垣です。日本各地の行楽地で行なわれており、たとえば常陸国筑波山などでもさかんに行なわれていました。そこで詠まれた歌として、「男神に 雲立ち上り 時雨降り 濡れ通るとも 我れ帰らめや」などが『万葉集』に収められています。

再現された歌垣の様子。市や行楽地で行なわれる歌垣は、男女の出会いの場でもありました。（万葉文化館）

② 吉野の桜はいつから有名なの?

A 平安時代後期からです。

吉野千本桜。日本に古来からあるヤマザクラを中心に、約3万本とも言われる規模の桜が咲き誇ります。

吉野と言うと千本桜の象徴されるように桜の印象の強い場所ですが、『万葉集』の時代には桜のイメージはなく、雪の名所として知られていました。

Q3 和歌っていまの短歌と同じ形式？

A 古代の和歌は、五・七・五・七・七とは限りません。

現在、和歌と言えば、五・七・五・七・七の形式をすぐに思い浮かべますが、本来、和歌にはそれ以外の形式もありました。五・七を3回以上繰り返し、最後を七音にする長歌や、五・七・七を2回繰り返した旋頭歌（せどうか）なども和歌の一種です。『万葉集』の冒頭の掲載されている雄略天皇の歌などは、こうした体裁がまだ生まれる前の歌と見られています。

Q4 歌枕ってなに？

A 和歌によく詠まれる地名や名所旧跡のことです。

歌枕は、直接、あるイメージを喚起するものとなっており、たとえば「吉野」と言えば雪か桜、「龍田川」と言えば紅葉を表すことになります。

龍田川。百人一首の「千早ぶる 神代もきかず 龍田川 からくれなゐに 水くくるとは」は特に有名。

Q「令和」の起源となった
言葉について教えて！

「令和」の由来となった序文を冠する歌ゆかりの大宰府政庁跡。(福岡県太宰府市／写真:撮るねっと/PIXTA)

A 初春の令月にして、気淑く風和ぎ、梅は鏡前の粉を披き、蘭は珮後の香を薫す

新春の美しい月と澄んだ空気、和らいだ風の中、宴を楽しむ大伴旅人の和歌の序文です。

飛鳥時代─『万葉集』

万葉仮名でつづられた歌が、素朴な気持ちをいまに伝えます。

さまざまな身分の人の歌が収められている『万葉集』には、当時の人々の喜怒哀楽が素直に表現されています。

① 『万葉集』はいつできたの？

A 8世紀後半ごろとされています。

『万葉集』は日本に現存する最古の和歌集で、7世紀中ごろから8世紀中ごろまでに詠まれた歌が約4,500首収められています。編者は大伴家持とする説が有力ですが、持統天皇や柿本人麻呂など多くの人が関与した形跡も見られます。詠み手は天皇や貴族など身分の高い人から、下級官人、農民までと多岐にわたり、全体的には素朴で力強い歌が多くなっています。

奈良県宇陀市・人麻呂公園にある柿本人麻呂像。持統天皇のころに活躍し、『万葉集』に多くの歌を残しました。

② 『万葉集』には、どんな種類の歌が収められているの？

A 恋の歌、死者を悼む歌、その他の3種類です。

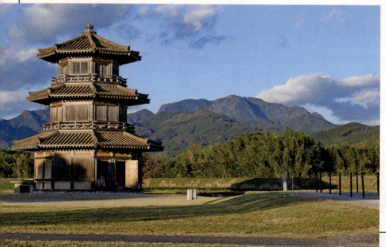

『万葉集』に収められている歌を大きく分けると、男女が恋を詠み合う相聞歌（そうもんか）、死んだ人を哀悼する挽歌（ばんか）、自然の景色や宮廷儀式などを詠んだ雑歌（ぞうか）の3種類になります。また、詠まれた時期から4つの時代に区分されています。

鞠智城（くくちじょう）。『万葉集』には、鞠智城などに配置された防人たちの歌も数多く残されています。（熊本県山鹿市・菊池市）

Q3 有名な万葉歌人を教えて！

A 額田王(ぬかたのおおきみ)、
柿本人麻呂(かきのもとのひとまろ)、
山上憶良(やまのうえのおくら)、
大伴家持(おおとものやかもち)
などが有名です。

4つの時期にそれぞれ有名な歌人がいて、第1期は額田王、第2期は柿本人麻呂、第3期は山上憶良、第4期は大伴家持と代表的な歌人がいます。額田王の「茜さす 紫野行き 標野行き 野守は見ずや 君が袖振る」などは、いまも多くの人に愛されています。

安田靫彦の描いた『飛鳥の春の額田王』。絶世の美女として知られ、文学作品や漫画などにも多く登場します。（滋賀県立近代美術館所蔵）

Q4 『万葉集』は、どんな言葉で書かれているの？

A 漢字で日本語の音を表現した万葉仮名で書かれています。

『万葉集』が編纂された当時、日本独自の文字はありませんでした。そこで漢字の意味ではなく音訓だけを使って日本語の音を表現した独特の表記法が『万葉集』では使われています。これを万葉仮名といい、平安時代にかな文字が登場するまで、日本語の表記にはおもにこの万葉仮名が使われていました。たとえば先に上げた額田王の歌の「紫野行き（むらさきのゆき）」という言葉は、『万葉集』では「武良前野逝」と表記されています。

万葉仮名の例。額田王の「熟田津に船乗りせむと 月待てば 潮もかなひぬ 今は漕ぎ出でな」という歌が書かれています。

ここまでの古代史を振り返る！③

主なできごと

西暦	できごと
507年	越前より迎えられた継体天皇が即位する。
527年	筑紫君磐井の乱が起こる。
552年	百済より仏像と経文が伝来する（仏教公伝）。
607年	小野妹子を隋に派遣する。
645年	乙巳の変が起こる。
663年	白村江の戦いで、日本軍が大敗する。
672年	壬申の乱が勃発する。
694年	藤原京への遷都が行なわれる。

大阪府高槻市
今城塚古墳

継体天皇陵とほぼ特定される前方後円墳です。古墳公園内には埴輪の配列が再現され、埴輪の用いられ方を知ることができます。

奈良県葛城市・御所市
葛城の道

蘇我氏が権力を握る以前、ヤマト政権内に大きな影響力を有していた、葛城氏の根拠地を通る古道です。

奈良県橿原市
藤原宮跡

藤原京の中心施設である藤原宮の跡地です。大極殿の土壇が残り、宮跡からの大和三山の稜線の眺めが、「重要眺望景観」に指定されています。

奈良県明日香村
飛鳥宮跡

乙巳の変の舞台となった皇極天皇の宮・飛鳥板蓋宮の跡です。ほかにも複数の宮が断続的に置かれたことが判明したため、飛鳥宮跡と呼ばれています。

奈良県明日香村
石舞台古墳

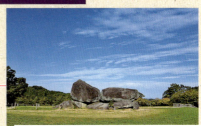

蘇我馬子の墓と推定される方墳跡です。表面を覆っていた土がいつしか取り除かれ、現在は石室が剥き出しの状態となっています。

奈良県吉野町
吉野宮滝遺跡

訪ねておきたい古代遺跡

斉明天皇が建造した吉野の離宮跡。天武天皇や持統天皇、文武天皇などが行幸し、壬申の乱の起点となりました。

Q
藤原京が
16年で捨てられて
しまったのはなぜ？

A 都の形を間違えていたためです。

藤原京は『周礼』という中国の書物に従って都市計画が行なわれ、宮殿が都市の中心に置かれました。しかし、手本にしようとした中国の唐の都・長安は宮殿を区画の北に置いていたのです。ほかにもメインストリート「朱雀大路」の道幅が狭く、地形も本来は北へ向かって高くなっていないなど、藤原京の律令国家の都としての欠陥が次々に明るみ出たと考えられます。こうした事実を知って日本は都をつくり直したと言われます。

天武朝期に建設が始まり、持統朝において完成。遷都が行なわれた藤原京跡。近年の発掘により、当初想定されていたものよりはるかに広大な規模をもつ都であることが分かっています。（奈良県橿原市・明日香村、写真：坂本照/アフロ）

奈良時代―平城京遷都

平城京が東に張り出しているのは、藤原氏の影響があったから。

藤原京から平城京への引越しで奈良時代が始まります。
平城京は、唐の都・長安にならい、
碁盤の目状に東西南北に走る道路で区画される都でした。
これが日本で最初の本格的な国際都市となります。

① 藤原京ってどれくらい大きかったの?

A 平城京や平安京よりも大規模な都でした。

藤原京は、平城遷都以降は打ち捨てられたため、都の大きさは長年分かりませんでした。しかし1990年代の発掘調査により、南北に約3km、東西に約2kmにも及ぶ広さであることが判明します。これはのちの平城京や平安京よりも広大な面積です。これにより、当初言われていた「都が手狭になったため」という遷都の理由は否定されることとなりました。

② なぜ奈良が都の建設地に選ばれたの?

A 神様に守られた土地だったからです。

710年の遷都に際して発せられた元明天皇の詔（みことのり）には、「四神が吉相に配され、3つの山が鎮めをなし、占いによっても都たるにふさわしい土地である」とあります。これは、「東に川あれば青龍、西に道あれば白虎、南に池あれば朱雀、北に山あれば玄武」という陰陽思想に基づく土地の吉相を示すものと見られます。

③ 平城京はなぜ右側が飛び出しているの?

A 藤原氏の氏寺があったからです。

平城京は、きれいな長方形ではなく、東側に外京（げきょう）というエリアが張り出す独特の構造になっています。外京には藤原氏の氏寺である興福寺があり、当時権勢を誇っていた藤原不比等の意思により、この不自然な都市デザインになったと考えられています。

猿沢池からみた興福寺。五重塔の高さは50mあり、奈良にある建造物の中でも屈指の高さを誇る国宝です。

朱雀門は平城宮の入口にあたり、五間三戸の二重門として復元されています。

Q4 平城京には、どのくらいの人が暮らしていたの？

A 5〜10万人と考えられています。

平城京の人口は、かつては20万人程度と考えられていましたが、最新の研究では5〜10万人だったのではと推定されています。全人口のうち、7割近くが官人およびその家族と推測されており、庶民は2割程度しかいなかったようです。このことから平城京が役人を中心とした行政都市であることが分かります。また、この当時の日本最大の都には、来日した外国人もおおぜい暮らしていました。

Q5 「平城京」は、本当はどう読むの？

A 「へいぜいきょう」という説もあります。

平城京は一般的には「へいじょうきょう」と読まれていますが、「へいぜいきょう」と読んでいたのではないかという説もあります。その理由のひとつとして、平城天皇の読みは「へいぜい」です。また当時の木簡などから、「奈良京」という呼び方もあったことが分かっています。

115

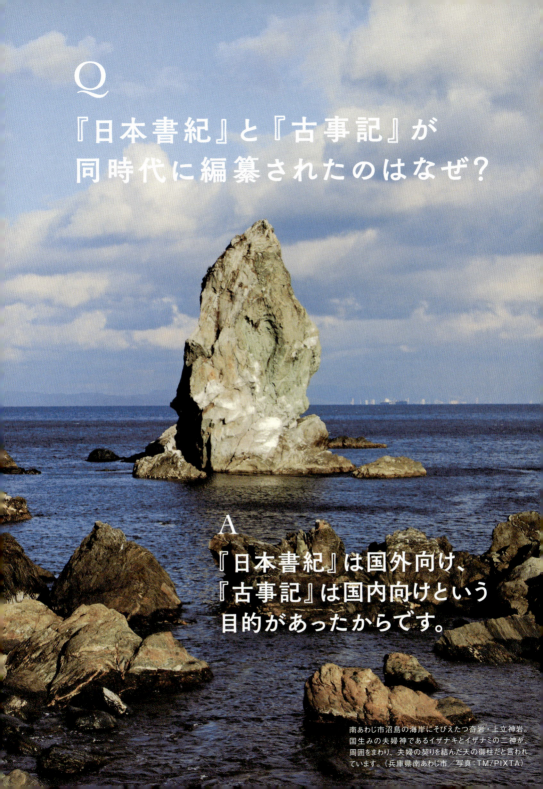

Q
『日本書紀』と『古事記』が同時代に編纂されたのはなぜ?

A
『日本書紀』は国外向け、『古事記』は国内向けという目的があったからです。

南あわじ市沼島の海岸にそびえたつ奇岩・上立神岩。国生みの夫婦神であるイザナキとイザナミの二神が、周囲をまわり、夫婦の契りを結んだ天の御柱だと言われています。(兵庫県南あわじ市/写真:TM/PIXTA)

奈良時代―記紀と風土記

神話や古代史をいまに伝える『古事記』と『日本書紀』――。

現存する最古の歴史書である、『古事記』と『日本書紀』。
日本に伝わる神話や古代の歴史を、
現代のわたしたちが知ることができるのは、この2冊の書物のおかげです。

Q1 『古事記』と『日本書紀』は、誰がつくらせたの?

A 天武天皇の命令によって編纂されました。

『古事記』も『日本書紀』も、天武天皇が日本の歴史書の編纂を命じたことに端を発しています。前者は、天武天皇が朝廷に伝わっていた『帝紀』『旧辞』などの歴史記録を稗田阿礼（ひえだのあれ）という人物に暗記させ、後年それを太安万侶（おおのやすまろ）が筆録してまとめたものです。一方の『日本書紀』は、国家プロジェクトとして中国の歴史書の体裁に倣った公式の史書をつくろうとしたもので、舎人親王（とねりしんのう）が中心となって多数の人が関わり編纂作業が行なわれました。

Q2 『古事記』と『日本書紀』の内容の違いは?

A 『古事記』は神話が多く、『日本書紀』は天皇の事績が多いです。

『古事記』は、神話や伝承から推古天皇の時代までを物語調につづったものです。また数多くの歌も収録されています。全体の3分の1は神話です。『日本書紀』は中国の史書と同じように編年体で記されており、神話、伝承から持統天皇に至るまでの歴史が記されています。その大部分は天皇の事績についてです。

明治時代に描かれたイザナキとイザナミの「国生み」の様子。(小林永濯「天瓊を以て滄海を探るの図」)

118

③ Q 『古事記』と『日本書紀』は、どんな文体で書かれていたの?

A 『古事記』は和化漢文、『日本書紀』は漢文です。

国内向けに天皇の権威を示すためにつくられたとされる『古事記』の文章は、日本語の音を漢字で表記する和化漢文で書かれています。『日本書紀』には日本がきちんとした国家であることを外国に示す意図もあり、日本の歴史書でありながら漢文で記されています。

『古事記』を編纂した太安万侶の墓。この墓の発見により実在した人物であることが判明しました。

④ Q 風土記ってどんな書物なの?

A 地方の地理や歴史についての書物です。

713年、元明天皇の命により地方の文化風土や地理などを国ごとに記録する事業が始められました。その結果、当時の地域区分に基づいて60あまりの風土記が編纂されましたが、その後多くが散逸し、現在まとまった分量が残っているのは常陸・播磨・出雲・肥前・豊後の5つのみです。しかも、ほぼ完本なのは『出雲国風土記』だけです。風土記には、地方独自の神話や中央の視点ではない歴史が記されているため、古代社会の実像を知る大きな手がかりになるとされています。

生石神社(おうしこじんじゃ)に伝わる石の宝殿。その来歴は『播磨国風土記』に大穴牟遅神(おおあなむちのかみ)が神殿をつくろうとして途中で断念したものと記されています。(兵庫県高砂市)

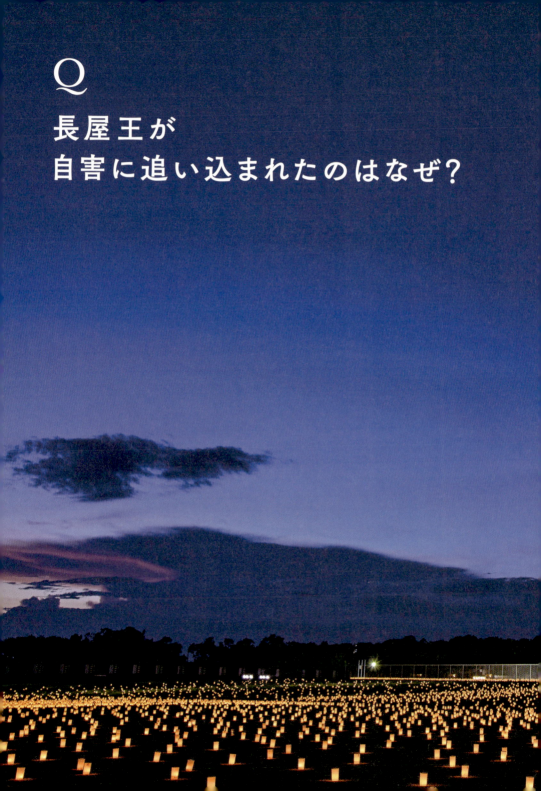

Q
長屋王が
自害に追い込まれたのはなぜ？

A
謀反を企んだためと言われます。

しかし、藤原氏によって謀反の罪を着せられ、排除されたという説が濃厚です。また、近年では皇位継承権のある長屋王の息子が狙われたのではないかとも言われています。

平城京遷都1300年を記念して復元された第一次大極殿。太極殿では、即位の礼をはじめとした儀式が行なわれていました。（奈良県奈良市／写真：Hiroko/PIXTA）

奈良時代――長屋王の変と聖武天皇の政治

平城京を舞台に渦巻く陰謀の果てに台頭したのは……。

8世紀前半、権勢をほしいままにした
藤原不比等とその4人の子。
自分の娘を天皇に嫁がせることで政治を動かし、
その子らも政界の中央で権勢を誇りましたが、
次々と病死し、朝廷の権力争いは激化していきます。

① 藤原不比等はどうやって権力を握ったの?

A 天皇家と縁戚関係を結びました。

日本の律令制の確立に大きな役割を果たしたとされているのが、中臣鎌足の次男である藤原不比等です。持統天皇に抜擢された不比等は、娘を文武天皇に嫁がせ、さらにその間に生まれた皇太子（のちの聖武天皇）にも娘の光明子を嫁がせて、天皇家と密接な関係を結ぶことで政治の実権を握りました。さらに不比等は、中臣氏全体が藤原氏を名乗ることを禁止し、一族の栄華を自分の血統で独占しようとしました。

藤原氏の系譜

中臣（藤原）鎌足 ── 不比等 ─┬─ 武智麻呂（南家）
　　　　　　　　　　　　　　├─ 房前（北家）
　　　　　　　　　　　　　　├─ 宇合（式家）
　　　　　　　　　　　　　　├─ 麻呂（京家）
　　　　　　　　　　　　　　└─ 光明子

② 藤原氏の対抗馬となる人物はいなかったの?

A その人物こそ長屋王でした。

不比等の死後、政権を担ったのは長屋王でした。彼は不比等の子である武智麻呂・房前・宇合・麻呂の兄弟が聖武天皇の皇后として兄弟の妹・光明子を立てようとした際、彼女が臣下出身であることを根拠に反対を唱えます。その後に起こったのが長屋王の変でした。長屋王は謀反を企んだとして自害へ追い込まれ、光明子が皇后となり、不比等の子たちによる政権が成立するのです。

藤原武智麻呂が創建した栄山寺の八角堂。（奈良県五條市）

Q③ 藤原氏は奈良時代を通してずっと権力をもっていたの？

A 四兄弟が次々と病死したことで、一時後退します。

権勢を誇っていた藤原氏ですが、不比等の子である四兄弟が天然痘で相次いで病死したことで、藤原氏の勢力は一時後退しました。これに代わり政治の実権を握ったのが、皇族出身の橘諸兄（たちばなのもろえ）です。また、唐に留学していた吉備真備（きびのまきび）や玄昉（げんぼう）らも政界で活躍しました。

Q④ 藤原広嗣（ひろつぐ）の乱ってなに？

A 不比等の孫が、一族の朝廷での権力低下に反発して起こした乱です。

吉備真備と玄昉が朝廷で重用されると、これに藤原不比等の孫（宇合の子）である広嗣が反発。玄昉と真備の排除を求める上奏文を朝廷に送るとともに、九州で挙兵しました。これが藤原広嗣の乱です。しかし乱はすぐに鎮圧され、広嗣は処刑されました。

処刑された藤原広嗣の怨霊を鎮めるために創建された鏡神社。（奈良県奈良市）

Q
聖武天皇が大仏をつくったのはなぜ？

A
仏教の力で国を治めようと本気で願ったためです。

東大寺の盧舎那仏。"奈良の大仏"として知られる東大寺の本尊です。聖武天皇が建立に注力し、752年に開眼供養会が行なわれました。2度にわたって戦火に見舞われましたが、その都度再建されています。(奈良県奈良市／写真：monjiro/stock.adobe.com)

奈良時代―鎮護国家

仏教の力で国の安定を願った
聖武天皇の想い――。

奈良の大仏として親しまれている東大寺の盧舎那仏像と
全国に建てられた国分寺と国分尼寺によって、
仏教が日本人の心に根づいていきました。

Q 大仏建立はどれぐらい大変だったの?

A 莫大な資材と大量の労働力を必要としました。

聖武天皇は743年に大仏造立の詔（みことのり）を出し、これにより奈良の大仏の建造が始まります。しかし、あまりにも巨大な像の造立事業は困難を極めました。使用された資材は約450トンの銅、約7.5トンの錫、約2トンの水銀とされています。また、大量の労働者が動員されました。ようやく752年、聖武天皇の娘である孝謙天皇のときに完成し、大仏の開眼供養はインドや中国からも僧を招き盛大に行なわれました。

東大寺大仏殿（金堂）。東大寺の本尊である盧舎那仏像（奈良の大仏）を納めた世界最大級の木造建築です。

Q2 国分寺と国分尼寺は、なぜ全国に建てられたの？

A 仏教の力で、国を治めようとしたためです。

仏教を篤く信仰していた聖武天皇は、仏教の教えによって国家の安定を図ろうとし、諸国に国分寺や国分尼寺をつくらせることを命じた国分寺建立の詔を741年に出します。ただ、こちらも大事業であるためなかなか進まず、地方豪族の協力などを求めることとなりました。

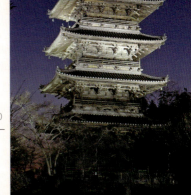

備中国に造営された備中国分寺。（岡山県総社市）

Q3 聖武天皇は、ずっと平城京で指揮をとっていたの？

A 各地を転々としていました。

藤原広嗣の乱などにより政情が不安定になると、聖武天皇は平城京を捨て恭仁京（くにきょう）に遷都します。しかし恭仁京の建設中に、甲賀の紫香楽村に離宮を造営し、聖武天皇はこの紫香楽宮へ行くことが増えました。その後、難波宮に移り、こちらを首都とする宣言を出しますが、ここに落ち着くこともなく、結局4年半さまよったあげく平城京に戻ったのです。

Q4 唐招提寺の柱が古代ギリシアの神殿に似ているのはなぜ？

A シルクロードを経由して伝わってきたためです。

奈良にある唐招提寺の金堂の柱は、中央がふくらんだ独特な形状をしています。これはエンタシスといい、ギリシアやローマの神殿の柱と同じ形です。このデザインは、ヨーロッパからシルクロードを経て唐に伝えられ、それが日本に伝わったとも考えられています。

唐招提寺金堂の柱。柱は全部で8本あり、そのすべてが中央が少しふくらんだエンタシスになっています。これはギリシア神殿の柱と同じ形式で、長い年月をかけてヨーロッパからシルクロードを経て伝わったものとされています。（奈良県奈良市）

Q
奈良時代の仏教は人々にどんな教えを説いていたの？

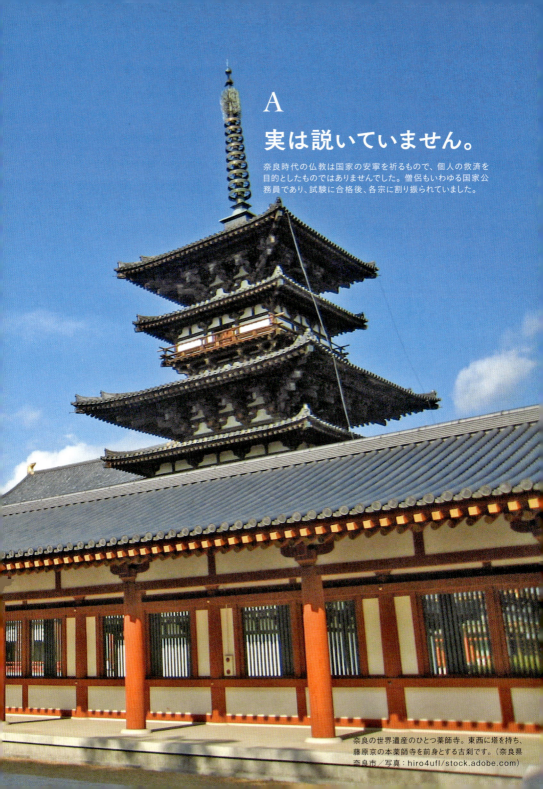

A
実は説いていません。

奈良時代の仏教は国家の安寧を祈るもので、個人の救済を目的としたものではありませんでした。僧侶もいわゆる国家公務員であり、試験に合格後、各宗に割り振られていました。

奈良の世界遺産のひとつ薬師寺。東西に塔を持ち、藤原京の本薬師寺を前身とする古刹です。(奈良県奈良市/写真:hiro4ufl/stock.adobe.com)

奈良時代―奈良仏教と寺院

仏教の教えを民衆に広めたのは、非公認の私度僧（しどそう）たちでした。

平城京では、仏教を学問的に研究する6つの宗派が隆盛を誇りました。
一方、民衆の間に救いをもたらしたのは、国に公認されない私度僧と呼ばれる僧侶たち。
当初、彼らは弾圧を受けましたが、やがて認められる者もでてきます。

西大寺は、称徳天皇が寵愛する道鏡のために、東大寺に対抗して建立したとされます。（奈良県奈良市）

① 奈良にはどんな宗派があったの？

A 南都六宗と呼ばれる6つがありました。

奈良時代の仏教の中心となったのは、主に6つの宗派でした。それは三論宗、成実宗、法相宗、倶舎宗、華厳宗、律宗の6つ。ただ当時の宗派は独立した教団ではなく、それぞれ専門性に特化した学派のようなものでした。

② 民衆は誰に救いを求めたの？

A 在野の僧たちです。

国家に認められた公式の僧侶は、民間への布教は禁じられていましたが、非公認の私度僧と呼ばれる僧侶たちがいて、全国を行脚しながら仏教を説いていました。私度僧たちは、灌漑工事や橋の建設などの社会事業も積極的に行なったため、民衆から絶大な支持を得るようになります。その代表的な存在が行基（ぎょうき）です。

Q3 行基はなにをしたの？

A 民衆に仏教を説き、大仏の建立にも協力しました。

行基自身は、百済系渡来氏族の出身とされていますが正式な僧（官僧）です。民衆に積極的に布教し、橋や道をつくるなどしたことで信者が増え、その数は千人を超えたとも言われています。当初、朝廷は行基を厳しく弾圧しましたが、民衆への影響力が無視できなくなり、方針を一転して大仏建立の勧進を行基に依頼します。この行基とその信者の協力により、奈良の大仏は無事、完成したのです。

近鉄奈良駅前に立つ行基の像。

Q4 鑑真は、なぜ日本に来たの？

A 正しい戒律の知識を伝えるためでした。

奈良時代当初の日本には、正式な僧侶になるための授戒の儀式を行なえる人がいませんでした。そこで中国に高僧を求めたところ、鑑真が自らこれを受けたのです。ただ、その後の渡航は苦難続きで、鑑真の乗った船は何度も転覆し、鑑真は失明してしまったと言われます。しかし、その困難に屈せず、鑑真は何度も渡航に挑み、753年についに来日を果たしました。

 COLUMN 鑑真は失明していなかった!?

鑑真というと、戒律を授けることのできる高僧の来日を願う日本からの要請に応え、5度の渡航失敗を経て753年に来日した人物として記憶されている人も多いでしょう。なにより艱難辛苦の末に失明したことが伝説となっています。

ところが、正倉院に伝わる鑑真の書では、誤りを書き直したにもかかわらず、文字の角度や位置が均等になっており、失明していては書けないのではないかという指摘がなされています。こうした証拠から、鑑真の失明は最晩年だったのではないかと推測されています。

唐招提寺戒壇。ここで僧となるための授戒が行なわれました。（奈良市）

Q
奈良時代の貴族は
どんな娯楽を楽しんだの？

平城宮東宮庭園。皇太子の居館である東宮の一画で発見された庭園跡は、発掘調査を元に復元されています。池を中心として、それを鑑賞するための建物が中央に設けられていました。（奈良県奈良市／写真：エムオーフォトス／アフロ）

A
和歌・管絃(かんげん)・蹴鞠(けまり)などです。

奈良時代―生活

国際色豊かだった奈良の文化は、遠くローマともつながっていました。

貧富の格差は大きかった奈良時代ですが、
貴族に限って言えば、庭園を味わいながら宴会を楽しむなど、
豊かな生活を満喫していたと考えられています。
そうした彼らのもとには外国からの文物なども数多く伝わってきていました。

 平城京に暮らした貴族は、
どんなものを食べていたの？

A　さまざまな食材をバランスよく食べていました。

御飯を主食に、生牡蠣や鮑、海老などの魚介類を食べていました。古代版チーズとも言える「蘇」という乳製品も食卓に並びました。そのほか、鮎の醤煮、鴨肉の汁、鹿のなます、漬物、栗や里芋の盛り合せ、タケノコなども食べられていたようです。こうした豪華な食事の様子は、1988年、長屋王邸宅跡から発見された木簡により明らかとなりました。

② では、庶民の食事は？

A　一汁一菜、玄米・粟（あわ）などの御飯を食べていました。

ただ、毎日食事ができたわけではなく、貴族の食事と比べるとかなり粗末です。ちなみに、当時は貴族も庶民も一日三食ではなく二食が基本でした。

奈良時代の貴族の食事（左）と庶民の食事（右）。
（料理復元：奥村彪生／写真提供：奈良文化財研究所）

Q3 奈良時代に盛んになった産業はなに？

A 養蚕や高級織物などです。

律令制が完成した奈良時代には、国家主導で開墾事業や銅や金などの採掘も行なわれるようになりました。また養蚕や高級織物の技術者を全国各地に派遣し、地域の産業の発展も促されます。これにより各地で地域の特性を生かした特産品も生まれるようになりました。

東大寺正倉院に納められた「瑠璃（るり）の坏」。

Q4 正倉院に外国製の宝物が納められているのはなぜ？

A 日本がシルクロード交易の東端に位置していたからです。

正倉院は東大寺境内にある宝物庫です。国内の貴重品はもとより、中国のほか、遠くローマのものと思われる宝物も多数所蔵されています。外国製の宝物が納められているのは、日本がシルクロード交易の東端に位置していたためです。

★COLUMN★ 正倉院とはどんな建物？

正倉院は、奈良・東大寺の旧境内にある宝物倉庫です。8世紀中期建造の総檜・校倉造の建物で、南北3.3m、高さ14mの規模をもち、床下2.7mの高さが加わります。内部は北倉、中倉、南倉の3室に分かれ、それぞれ宝物が一定の条件をもって整理されていました。

この倉には聖武天皇と光明皇后ゆかりの品を中心とした、天平時代の調度品や楽器、書など9,000件にのぼる宝物が収蔵されていました。光明皇后の奉献物には納入日や数などが記された『献物帳』という目録が添えられているため、正確な数や状態を把握できるのも貴重です。宝物の数々は、朝鮮から西アジアに至る物まで国際色豊かで、世界各地の文化・技術の影響をいまに伝えてくれます。

東大寺正倉院。日本だけでなく中国、ペルシャなどからもたらされた宝物が所蔵され、「シルクロードの東の終点」とも言われることがあります。（奈良県奈良市）

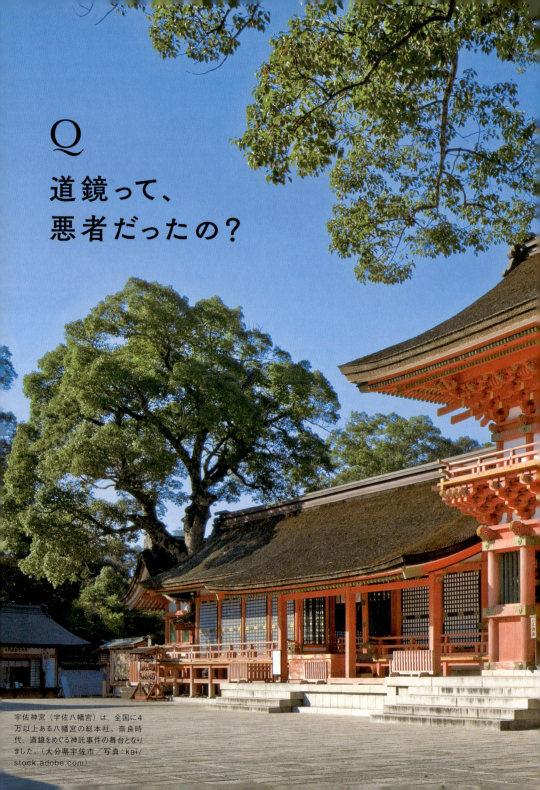

Q 道鏡って、悪者だったの？

宇佐神宮（宇佐八幡宮）は、全国に4万以上ある八幡宮の総本社。奈良時代、道鏡をめぐる神託事件の舞台となりました。（大分県宇佐市／写真：kai/stock.adobe.com）

A
政治に介入した悪者という
印象が強い人物です。

奈良時代―藤原仲麻呂と道鏡政権

女性が政治を動かした時代、その陰にいた男たち――。

奈良時代後半は、光明皇太后や孝謙上皇と女性の権力者の力が強かった時代です。
光明皇太后を後ろ楯とした藤原仲麻呂が政権を握れば、
さらに孝謙上皇の寵愛を受けた道鏡がこれを追い落とす……。
男たちは彼女たちの力を背景に、政治を動かそうとしました。

Q1 藤原仲麻呂は、どのように権力を握ったの？

A 光明皇太后を後ろ盾にしました。

奈良時代後半、聖武天皇の皇后であった光明皇太后の後ろ盾を得たことで、貴族の藤原仲麻呂が勢力を伸ばしました。仲麻呂は、淳仁天皇を擁立して即位させると、その功により権力を独占。恵美押勝（えみのおしかつ）の名を賜るなど、絶頂期を迎えました。しかし、光明皇太后の死去と孝謙上皇の寵愛を受ける道鏡が台頭したことで、権力の基盤を失っていきます。

藤原仲麻呂のころの藤原家系譜

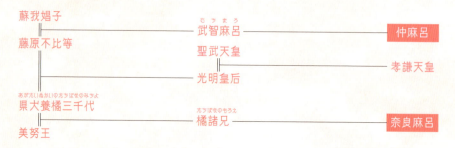

Q2 没落を始めた仲麻呂はどうしたの？

A 反乱を起こしました。

淳仁天皇の時代、上皇となっていた孝謙上皇は病気の治療をきっかけに僧侶の道鏡と強く結びつくようになります。ふたりの関係を淳仁天皇が諫めたことで上皇は怒り、政治を上皇が直接執り行なうようになりました。これにより淳仁天皇と藤原仲麻呂の派閥の権力は抑制され、764年に仲麻呂は逆転を狙って反乱を起こしますが、討伐軍に討たれ斬首されます。

Q3 道鏡は天皇になろうとしたの？

A そのように考えられています。

道鏡は、奈良時代末期の法相宗の僧侶です。孝謙上皇との結びつきにより、異例の出世を果たしました。太政大臣禅師、法王と次々と高い地位を得た道鏡は、自らが天皇の座に就こうとしますが、朝廷内ではその動きに対する反発が大きくなります。

吉備真備（きびのまきび）にちなむまきび公園（岡山県倉敷市）。藤原仲麻呂の乱鎮圧に貢献したのは、唐で軍略を学んだ吉備真備でした。彼は日本の軍師第一号とも言われています。

Q4 道鏡は、なぜ天皇になれなかったの？

A 虚偽の神託を捏造したためとされています。

道鏡は、自身を天皇にすべしという神託を九州の宇佐八幡宮に出させました。ですが、この神託の真偽を確かめるため、称徳天皇（孝謙天皇が重祚）が宇佐に使者を送り確かめさせると、宇佐八幡宮は神託を否定しました。これにより道鏡に対する反発が貴族の間に広まり、結局、道鏡の即位はかないませんでした。翌年、称徳天皇が亡くなると、道鏡は関東に左遷されることとなります。

皇居・平川門付近に建つ和気清麻呂の銅像。道鏡の即位を否定する宇佐八幡宮の神託を伝えた忠臣とされています。

Q
平安京への遷都が
行なわれたのはなぜ？

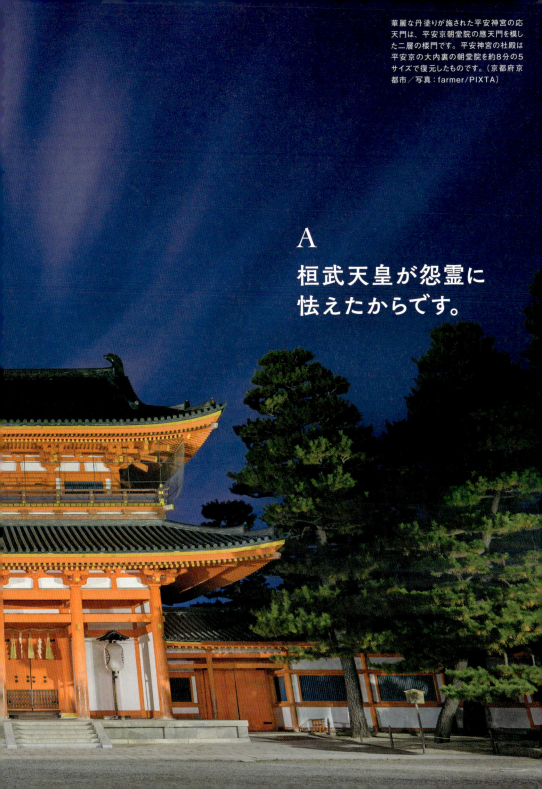

華麗な丹塗りが施された平安神宮の応天門は、平安京朝堂院の應天門を模した二層の楼門です。平安神宮の社殿は平安京の大内裏の朝堂院を約8分の5サイズで復元したものです。（京都府京都市／写真：farmer/PIXTA）

A
桓武天皇が怨霊に
怯えたからです。

奈良時代—平安遷都

都は奈良を離れ、
京都が日本の中心となりました。

794年、80年ほど続いた平城京を捨て、
平安京への遷都が決まります。
これにより長く続く平安時代が幕開くのです。

Q1 平城京からなぜ遷都しようとしたの？

A 奈良仏教の影響から逃れるためです。

平城京では南都六宗の力が強まり、政治への影響力も増大していました。そこで桓武天皇は、天皇権力を強化するために奈良を離れることを決意します。そして784年に平城京から山背国（現在の京都府）の長岡京に遷都しようとしました。しかし、藤原種継（ふじわらのたねつぐ）暗殺事件が起こったことをきっかけに都の建設は頓挫。長岡京は破棄されることとなります。

桓武天皇。生母は百済系渡来人出身の高野新笠（たかののにいがさ）で、当初は天皇になることが予想されていませんでした。

Q2 平城京はその後どうなったの？

A 田んぼになりました。

田園地帯になるとともに、次第に平城京の区画も宮跡も忘れ去られていきました。平城京に注目が集まるのは幕末のことで、北浦定政という人物が実地測量を行ない『平城宮大内裏跡坪割之図』を制作しました。その後、明治になって本格的な調査が始まり、宮跡の保存運動が高まっていきます。大正11年（1922年）、平城京跡が史蹟として指定され、昭和27年（1952年）に国の特別史跡に指定されました。平城京跡には、現在復元された朱雀門と大極殿の間を近鉄の線路がカーブを描いて走っていますが、これも大極殿跡や朝集殿跡をよけているためです。

Q3 藤原種継暗殺事件ってどんな事件？

A 長岡京の工事責任者が暗殺された事件です。

長岡京の造営を主導したのは、桓武天皇の腹心であった藤原種継です。しかし都の建造中に何者かに種継が暗殺される事件が起きます。首謀者とされたのは、桓武天皇の弟であり皇太子の早良親王（さわらしんのう）でした。

長岡京はなんで破棄されたの?

A　早良親王の怨霊が祟ったためとされます。

藤原種継暗殺の疑いをかけられた早良親王は、自ら食を断って自死します。すると、直後から桓武天皇の母や皇后が死去するという不幸が相次ぎました。これが早良親王の怨霊によるものとされ、さらに長岡京の造営責任者がいなくなったことでなかなか工事が進まなかったこともあり、改めて平安京への遷都が決定したのです。

早良親王が一時幽閉された乙訓寺。
(京都府長岡京市)

平安京はどんな都だったの?

A　平城京と同じく、長安をモデルにつくられました。

794年に平安京に遷都されると、山背国は山城国に改められました。平安京は、南北約5.2km、東西約4.5kmの長方形で、面積は平城京とほぼ同じです。朱雀大路を中心にして左右両京に分かれ、それぞれに東の市、西の市、官寺の東寺と西寺が置かれました。以後、源頼朝(みなもとのよりとも)が鎌倉に幕府を開くまでの約400年間を平安時代と言います。

平安京紫宸殿。即位の礼などの重要儀式は本来、大極殿で行なわれていましたが、平安中期からは紫宸殿で行なわれるようになりました。大内裏は後世移転しており、現在の京都御所とは場所が異なります。(京都府京都市)

Q
武士がまだいない時代、
都の警備は
誰が担当していたの？

A
隼人と呼ばれた人々が
担当していました。
はやと

隼人は南九州に居住していた人々とされ、朝廷に服属後、その勇猛さを買われて宮殿の警備を任されました。

鍋ケ滝は、隼人の生活圏であった時代と変わらぬ自然の景観が残される九州の名勝のひとつ。滝を裏側から眺めることができるため、「裏見の滝」とも呼ばれます。（熊本県阿蘇郡小国町　写真：KENJI GOSHIMA/アフロ）

奈良時代―蝦夷と隼人

日本の南北に、朝廷に逆らうまつろわぬ民たちがいました。

律令国家が成立したあとも、
中央政権の支配が日本全土に及んでいたわけではありません。
九州南部では隼人が、東北地方では蝦夷がたびたび反乱を起こしました。

Q なぜ九州南部はなかなか朝廷の支配下に入らなかったの?

A 隼人と呼ばれる人たちが、たびたび反乱を起こしていたからです。

隼人とは九州南部に住み、長い間ヤマト政権への服従を拒んだ人々の総称です。隼人は、たびたび中央政権に対して抵抗を見せました。702年に朝廷が薩摩国という区分を作る際にも、抵抗する隼人が反乱。713年、720年にも朝廷から送られた官吏を殺す大規模な反乱が起きました。中央政権は討伐軍を派遣し、これを鎮圧。斬首と捕虜を合わせて1,400人以上になったと記録されています。

隼人塚。720年に発生した隼人の反乱において戦死した人々を弔うために建てられたと伝わります。(鹿児島県霧島市)

Q2 蝦夷ってどういう人たち？

A 朝廷の支配下に入っていない、東北地方に暮らす人々の総称です。

7世紀中盤以降、律令制に基づく中央政権国家が成立すると、朝廷は支配領域の拡大に努めました。中央政権は、朝廷の権威に服さない東北地方に暮らす人々を蝦夷と呼びました。当初は蝦夷とある程度友好的な関係を築こうとしていましたが、8世紀に入ると軍事的な制圧に方針を転換します。

東山道の要衝として設置された白河の関は、蝦夷世界との境界として機能してきました。

Q3 蝦夷についてもっと教えて！

A 阿弖流為（アテルイ）と呼ばれる蝦夷の英雄がいます。

789年に桓武天皇は大軍を送り、東北の蝦夷を制圧しようとしました。しかし蝦夷の族長である阿弖流為の活躍により、朝廷の軍は大敗を喫します。その後、坂上田村麻呂（さかのうえのたむらまろ）が征夷大将軍に任命され、蝦夷討伐の命を受けます。田村麻呂は策略や軟化策を駆使し阿弖流為を帰順させ、蝦夷の抵抗を鎮圧します。田村麻呂は阿弖流為を助命する約束をしていましたが、朝廷はそれを破り処刑してしまいました。こうして律令国家の支配権が東北地方にまで及ぶことになったのです。

Q4 蝦夷との戦いは、朝廷にどう影響したの？

A 東北を律令体制に組み込むことはできましたが、財政は逼迫しました。

長年にわたる東北地方での蝦夷との戦いは、朝廷の財政を著しく悪化させました。当時は平安京の造営も続いており、これも大きな負担となっていました。朝廷内ではこのふたつの政策を継続するか打ち切るかの議論が激しくぶつかり、桓武天皇の裁定により二大事業の打ち切りが決定したと言われます。

奥入瀬渓谷。当時の東北は朝廷の支配が及ばない蝦夷の領域であり、異国の地でした。（青森県十和田市）

Q
遣唐使船に乗って
中国へ渡った留学生は、
なにを学びに行ったの？

A
仏教や政治制度です。

平城京に復元された遣唐使船。一般に全長約30m、帆柱2本で平底箱型だったと言われ、波切りが非常に悪かったと考えられています。(奈良県奈良市／写真：アクセル/PIXTA)

奈良時代―遣唐使

決死の覚悟で文化をもたらした名もなき留学生がいました。

危険な航海を乗り越え、最新の文化・技術をもたらした遣唐使。
日本の発展にとって、中国からもたらされる最新の文物は欠かせないものでした。
当時、多くの日本人が命を懸けて海を渡っています。

遣唐使はいつからいつまで続いたの？

A 630年から894年まで続きました。

日本は、聖徳太子の時代から中国に遣隋使を送り、同船する留学生に進んだ文化や政治制度を学ばせていました。7世紀に隋に変わって唐が中国を統一したあとも、引き続き遣唐使が送られます。遣唐使は、630年から894年まで約20回計画され、そのうち16回は実際に渡航しました。

有名な遣唐留学生（僧）を教えて！

A 吉備真備（きびのまさび）のほか
玄昉（げんぼう）、空海（くうかい）、最澄（さいちょう）、阿倍仲麻呂（あべのなかまろ）などがいます。

遣唐留学生として中国に渡った人は、吉備真備や玄昉などのように帰国後エリートとして政権内部で重用される人が多数いました。また空海や最澄のように、最新の仏教知識を持ち帰ることで、日本で独自の宗派を開いた人もいます。一方で、阿倍仲麻呂のように現地の皇帝から厚い信頼を受け過ぎ、帰国を果たせず異国の地で亡くなった人もいます。ほかにも、2004年には、「井真成（せいしんせい）」という留学中に没した日本人の墓誌が中国で発見されています。

唐の都・長安は、現在の西安で、最盛期には100万人を超す人口を抱えていました。平城京や平安京は長安にならってつくられたとされます。

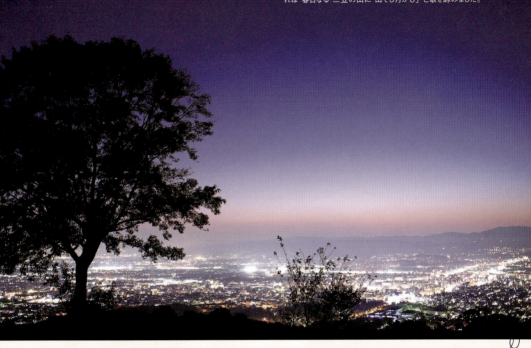

奈良の夜景。阿倍仲麻呂は異国の地で「天の原 ふりさけ見れば 春日なる 三笠の山に 出でし月かも」と歌を詠みました。

Q3 遣唐使はどれくらい危険だったの？

A 後期には遭難の確率が高まりました。

初期の遣唐使は北路と呼ばれる朝鮮半島経由の航路をとっていたため、比較的安全でした。しかし、朝鮮半島との政治的緊張が高まり、新羅の沿岸を避けて東シナ海を直接横切る南路をとるようになると、遭難が大幅に増えました。

Q4 唐以外の国には使節を派遣していなかったの？

A 渤海（ぼっかい）と盛んに使節のやりとりをしていました。

7世紀末、中国東北部に渤海という国ができると、日本と渤海は互いに使節を派遣し合いました。その往復は渤海が滅亡する10世紀まで続き、全50回近くに及んでいます。日本により近い渤海への使節派遣は、遣唐使よりも費用やリスクが小さかったため、外国の文物を仕入れる手段としての役割は非常に大きかったとされています。

151

ここまでの古代史を振り返る！④

主なできごと

西暦	できごと
710年	平城京へ遷都する。
729年	長屋王の変が起こる。
743年	墾田永年私財法が制定される。
743年	聖武天皇、大仏建立を発願。
754年	唐僧・鑑真が来日する。
764年	藤原仲麻呂の乱が起こる。
769年	宇佐八幡宮神託事件が起こる。
794年	桓武天皇、新京（平安京）へ遷る。

大阪府大阪市
難波宮跡

大化改新の一時期、さらに聖武天皇の治世の一時期に都が置かれた大阪の史跡です。

福岡県太宰府市
大宰府政庁跡

7世紀後半に、北九州、筑前国に設置された地方行政機関の跡です。大陸外交の窓口兼九州の行政・司法を担当しました。

大分県宇佐市
宇佐八幡宮

皇位を揺るがす神託事件の舞台となった全国八幡宮の総本社です。東大寺の大仏建立の際、奈良の手向山八幡に勧請されました。

奈良県奈良市
平城宮跡

広大な敷地内に、第一次大極殿、朱雀門、東宮庭園などが復元された平城宮の跡です。

奈良県奈良市
春日大社

平城京の外京に鎮座する藤原氏の氏寺です。遣唐使の出発の際には、春日神社で航海の安全が祈願されました。

奈良県奈良市
東大寺

聖武天皇により奈良の大仏が建立された奈良を代表する寺院。当時の仏教の様相が分かる多くの国宝を所蔵しています。

奈良県奈良市
唐招提寺

苦難の末に来日した唐僧・鑑真が戒律の道場として開いた律宗の総本山です。

訪ねておきたい古代遺跡

時には、日本をつくった人々に思いを馳せてみよう。

天孫降臨の地・高千穂の雲海（宮崎県高千穂町／写真：T3K/PIXTA）

日本の古代史をめぐる旅はいかがでしたか？

何千年も何万年もむかしの人たちの暮らしは、現在のわたしたちとは無関係に感じてしまうかもしれません。

しかし、この日本列島で貝塚を残した人たち、古墳をつくった人たち、立派なお寺を建てた人たち……彼らこそがわたしたちの先祖であり、わたちたちのいまの暮らしもその延長線上にあります。

「我々はどこから来たのか　我々は何者か　我々はどこへ行くのか」――。

日本の古代史は、それを知るための貴重な手がかりになることでしょう。

平城京天平祭（奈良県奈良市／写真：C7/PIXTA）

★瀧音能之（たきおと・よしゆき）

1953年生まれ。現在、駒澤大学教授。日本古代史、特に『風土記』を基本史料とした地域史の研究を進めている。主な著書に『古代出雲を知る事典』（東京堂出版）、『風土記と古代の神々』（平凡社）などがある。

★主な参考文献（順不同）

- 『詳説日本史 改訂版』笹山晴生・佐藤信・五味文彦・高埜利彦ほか（山川出版社）
- 『古代日本の実像をひもとく 出雲の謎大全』瀧音能之（青春出版社）
- 『「出雲」からたどる古代日本の謎』瀧音能之（青春出版社）
- 『古代史の謎 知れば知るほど』黛弘道監修（実業之日本社）
- 『前方後円墳の世界』広瀬和雄（岩波書店）
- 『古代史の基礎知識』吉村武彦（KADOKAWA／角川学芸出版）
- 『考古学の基礎知識』広瀬和雄（KADOKAWA／角川学芸出版）
- 『日本の歴史02王権誕生』寺沢薫（講談社）
- 『日本の歴史03大王から天皇へ』熊谷公男（講談社）
- 『日本の歴史04平城京と木簡の世紀』渡辺晃宏（講談社）
- 『歴代天皇総覧―皇位はどう継承されたか』笠原英彦（中央公論新社）
- 『倭の五王―王位継承と五世紀の東アジア』河内春人（中央公論新社）
- 『別冊太陽　平城京』千田稔（平凡社）
- 『別冊太陽　飛鳥―古代への旅』門脇禎二（平凡社）
- 『古代出雲を知る事典』瀧音能之（東京堂出版）

世界でいちばん素敵な
古代史の教室

2019年11月15日　第1刷発行

定価(本体1,500円+税)

監修	瀧音能之
編集・文	ロム・インターナショナル
編集協力	パーネット
写真協力	アフロ、PIXTA、Fotolia、東京国立博物館、北杜市考古資料館、十日市博物館、 奈良県立橿原考古学研究所附属博物館、桜井市教育委員会、 島根県立古代出雲歴史博物館、談山神社、奈良文化財研究所
装丁	公平恵美
本文DTP	伊藤知広(美創)
発行人	塩見正孝
編集人	神浦高志
販売営業	小川仙丈
	中村崇
	神浦絢子
印刷・製本	図書印刷株式会社
発行	株式会社三才ブックス
	〒101-0041
	東京都千代田区神田須田町2-6-5 OS'85ビル 3F
	TEL：03-3255-7995
	FAX：03-5298-3520
	http://www.sansaibooks.co.jp/
facebook	https://www.facebook.com/yozora.kyoshitsu/
Twitter	https://twitter.com/hoshi_kyoshitsu
Instagram	https://www.instagram.com/suteki_na_kyoshitsu/

※本書に掲載されている写真・記事などを無断掲載・無断転載することを固く禁じます。
※万一、乱丁・落丁のある場合は小社販売部宛てにお送りください。送料小社負担にてお取り替えいたします。

©三才ブックス 2019

唐古・鍵遺跡（奈良県田原本町／写真：カメラ大好き/PIXTA）